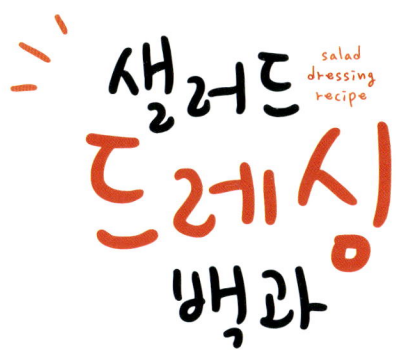

샐러드 드레싱 백과
salad dressing recipe

박지형 지음

예신 Books

* 책을 보기 전에

  이 책에는 정해진 도구와 저울로 계량한 레시피를 실었습니다.
  액체와 가루, 다진 재료는 계량스푼(1작은술-5mL, 1큰술-15mL)과 계량컵(1컵-200mL)을 사용했습니다. 마늘, 양파 등의 덩어리 재료는 특정한 경우를 제외하고 무게(g)와 어림치(쪽, 개, 통 등)를 함께 표시해 소형 저울이 없어도 어림치를 참고해 만들 수 있도록 하였습니다. 중량의 차이가 맛에 크게 영향을 미치지 않는 재료는 그램을 생략했습니다.

PREFACE

'옷이 날개'라는 말이 있습니다. 잘 어울리는 옷을 입었을 때 그 사람의 가치가 돋보이고 옷을 통해 그 사람의 삶을 들여다 볼 수 있기도 합니다. 샐러드의 옷은 바로 드레싱입니다. 드레싱(dressing)의 어원이 드레스(dress)에서 파생된 것을 보면 드레싱이야말로 샐러드의 가치를 살려주고 완성시켜주는 샐러드의 옷이라고 할 수 있습니다.

본래 샐러드는 생채소에 소금(salt)을 뿌려 먹은 데서 기원하였다고 알려져 있습니다. 가장 원초적이면서도 가장 훌륭한 드레싱으로 바로 소금이 사용되었다는 것을 알 수 있습니다. 간이 되어있지 않은 음식을 상상하는 일은 어느 식재료나 마찬가지겠지만 생채소가 주재료인 샐러드에 드레싱이 없다고 생각한다면 샐러드에 더 이상 손이 가기 어려울지도 모를 일입니다.

문화가 발전하고 그에 따라 식생활이 다양하고 풍부해진 만큼 샐러드에 곁들여지는 드레싱도 다양한 모습으로 발전해왔습니다. 생채소가 주가 되었던 샐러드에서 익힌 채소뿐만 아니라 육류, 해산물 등 다양한 재료를 곁들여 한 끼 식사로도 손색이 없을 만큼 풍요로워진 샐러드를 보면 그 숫자만큼이나 다양한 드레싱을 요구하고 있다고 할 수 있겠습니다.

이 책에서는 드레싱의 종류를 원하는 맛에 따라 다양하게 선택할 수 있도록 총 7가지의 맛으로 구성하여 분류하였습니다. 또한 각 드레싱에 잘 어울리는 샐러드 32가지를 선정하여 틈틈이 소개해놓았습니다. 이 책에 소개된 드레싱을 다양한 샐러드에 교차로 사용해본다면 훨씬 더 다양한 맛을 즐길 수 있을 것이라고 생각됩니다.

이 책이 완성되기까지 오랜 시간동안 힘이 되어주신 분들께 지면을 빌어 진심으로 감사의 마음을 전합니다. 부족한 원고를 멋지게 다듬어 편집해주시고 아름다운 한권의 책으로 엮어주신 도서출판 예신의 직원여러분께 언제나 감사드립니다. 오랜 시간동안 늘 든든한 지원군이 되어주시는 남상호 대표님께 말로는 다 못할 감사를 전합니다. 촬영에 사용된 아름다운 그릇들을 아낌없이 지원해주신 한국호텔직업전문학교와 박숙주 선생님에게도 진심으로 감사드립니다. 마지막으로 까다로운 저자의 요구에 맞춰 묵묵히 이 책의 모든 사진들을 정성을 다해 찍어준 남편 임정환에게 무한한 신뢰와 사랑을 전합니다.

저자 박지형

CONTENTS

Prologue
드레싱이란?

드레싱의 종류 … 10
드레싱에 자주 사용되는 재료들 … 11
드레싱 만들 때 꼭 지켜야 할 핵심 요소 … 19
샐러드와 드레싱 … 20

PART 1
상큼한 맛이 나는 드레싱

프렌치 드레싱	24	시트러스 당근 드레싱	50
❖ 해산물 샐러드	26	❖ 불고기 샐러드	52
유자청 드레싱	28	체리 드레싱	54
사워크림 드레싱	30	레몬청 드레싱	56
키위 드레싱	32	자몽 드레싱	58
이탈리안 드레싱	34	매실청 드레싱	60
❖ 방울토마토 절임 샐러드	36	❖ 구운 파프리카 샐러드	62
파인애플 드레싱	38	블루베리 드레싱	64
딸기 드레싱	40	오렌지주스 요구르트 드레싱	66
사과 마요 드레싱	42	마요네즈 드레싱	68
❖ 콜슬로 샐러드	44	❖ 브로콜리 감자 샐러드	70
양파 드레싱	46	토마토 드레싱	72
발사믹 드레싱	48	모과청 드레싱	74

PART 2
달콤한 맛이 나는 드레싱

허니머스터드 드레싱 ……………… 78	망고 드레싱 ……………………… 96
❖ 케이준 치킨 샐러드 80	발사믹 허니 드레싱 ……………… 98
스위트 치즈 드레싱 ……………… 82	❖ 구운 버섯 샐러드 100
단호박 연유 드레싱 ……………… 84	복숭아 드레싱 …………………… 102
바나나 드레싱 …………………… 86	홍시 당근 드레싱 ……………… 104
벌꿀 요구르트 드레싱 …………… 88	레드와인 드레싱 ………………… 106
❖ 단호박 샐러드 90	랜치 드레싱 ……………………… 108
배즙 드레싱 ……………………… 92	❖ 콥샐러드(Cobb salad) 110
포도 드레싱 ……………………… 94	

PART 3
매콤한 맛이 나는 드레싱

두반장 드레싱 ………………… 114	생강 드레싱 ……………………… 132
❖ 피조개 실부추 샐러드 116	칠리소스 드레싱 ………………… 134
홀스래디시 드레싱 ……………… 118	할라페뇨 드레싱 ………………… 136
고추기름 드레싱 ………………… 120	겨자 드레싱 ……………………… 138
핫소스 드레싱 …………………… 122	❖ 겨자 샐러드 140
고추냉이 드레싱 ………………… 124	후추 드레싱 ……………………… 142
고추장 드레싱 …………………… 126	살사 드레싱 ……………………… 144
❖ 봄나물 샐러드 128	토마토 드레싱 …………………… 146
고춧가루 간장 드레싱 ………… 130	매실청 겨자 드레싱 …………… 148

PART 4
짭조름한 맛이 나는 드레싱

시저 드레싱 ········· 152
 ❖ 시저 샐러드   154
미소 드레싱 ········· 156
피시소스 파인 드레싱 ········· 158
올리브 드레싱 ········· 160
데리야끼 드레싱 ········· 162
 ❖ 구운 채소 샐러드   164
간장 드레싱 ········· 166
오리엔탈 드레싱 ········· 168
 ❖ 포케샐러드   170

굴소스 드레싱 ········· 172
 ❖ 중국식 치킨 샐러드   174
날치알 드레싱 ········· 176
액젓 드레싱 ········· 178
새우젓 드레싱 ········· 180
무즙 폰즈 드레싱 ········· 182
 ❖ 일본식 문어 샐러드   184
명란젓 드레싱 ········· 186
청양고추 간장마요 드레싱 ········· 188

PART 5
고소한 맛이 나는 드레싱

참기름 드레싱 ········· 192
 ❖ 스테이크 샐러드   194
들깨 드레싱 ········· 196
땅콩버터 드레싱 ········· 198
땅콩 요구르트 드레싱 ········· 200
생크림 드레싱 ········· 202
 ❖ 콘 샐러드   204
일본식 참깨 드레싱 ········· 206
코코넛 밀크 드레싱 ········· 208
구운 양파 드레싱 ········· 210
크림치즈 드레싱 ········· 212
 ❖ 리코타 치즈 샐러드   214
병아리콩 드레싱 ········· 216

두부 흑임자 드레싱 ········· 218
잣 드레싱 ········· 220
들깨 땅콩버터 드레싱 ········· 222
 ❖ 훈제연어 고구마 샐러드   224
건새우 드레싱 ········· 226
건포도 아몬드 드레싱 ········· 228
구운 베이컨 드레싱 ········· 230
참치 드레싱 ········· 232
 ❖ 참치 드레싱 샐러드   234
블루치즈 드레싱 ········· 236
호두 드레싱 ········· 238
구운 버섯 드레싱 ········· 240

PART 6
건강하게 먹는 드레싱

부추 드레싱 …………………………… 244	낫토 드레싱 …………………………… 264
❖ 그린 샐러드 246	❖ 아보카도 낫토 샐러드 266
인삼 드레싱 …………………………… 248	마 드레싱 ……………………………… 268
석류 드레싱 …………………………… 250	아로니아 드레싱 ……………………… 270
복분자 드레싱 ………………………… 252	녹차 드레싱 …………………………… 272
오이 드레싱 …………………………… 254	홍초 드레싱 …………………………… 274
❖ 곡물 샐러드 256	❖ 과일 샐러드 276
구운 마늘 드레싱 ……………………… 258	감식초 드레싱 ………………………… 278
오디 드레싱 …………………………… 260	서리태 드레싱 ………………………… 280
아마씨 드레싱 ………………………… 262	백년초 드레싱 ………………………… 282

PART 7
색다른 맛이 나는 드레싱

딜 요구르트 마요네즈 드레싱 ………… 286	코코넛 카레 드레싱 …………………… 312
❖ 페타치즈 새우 샐러드 288	스파이시 시트러스 드레싱 …………… 314
바질 페스토 드레싱 …………………… 290	미소 겨자 드레싱 ……………………… 316
사우전드 아일랜드 드레싱 …………… 292	❖ 튀긴 두부 샐러드 318
아보카도 체다치즈 드레싱 …………… 294	로제 드레싱 …………………………… 320
케이퍼 홀스래디시 크림 드레싱 ……… 296	비취 드레싱 …………………………… 322
적양배추 포도 요구르트 드레싱 ……… 298	트로피컬 드레싱 ……………………… 324
구운 파프리카 드레싱 ………………… 300	트러플 오일 마늘 드레싱 ……………… 326
❖ 연어 리스 샐러드 302	❖ 펜네 샐러드 328
타르타르 드레싱 ……………………… 304	칼루아 드레싱 ………………………… 330
크림 양파 드레싱 ……………………… 306	애플 시나몬 드레싱 …………………… 332
❖ 청경채 병아리콩 샐러드 308	사과 미나리 드레싱 …………………… 334
씨겨자 카레 드레싱 …………………… 310	

Prologue

드레싱이란?

샐러드에 곁들여지는 소스를 '드레싱(dressing)'이라고 하는데 이는 '옷(dress)'에서 파생된 단어로 샐러드에 입혀지는 옷이라는 의미로 해석할 수 있다. 만드는 재료에 따라 크게 가볍고 상큼한 느낌의 '비네그레트(vinaigrette)'와 진하고 고소한 느낌의 '마요네즈(mayonnaise)'로 분류하며 이를 기본으로 다양한 드레싱이 파생된다.

1. 드레싱의 종류

(1) 비네그레트(vinaigrette)

프렌치 드레싱으로도 잘 알려져 있는 비네그레트는 식초(vinegar)에서 파생된 프랑스 용어로 오일과 식초를 2:1~3:1로 사용해서 만드는 오일 베이스의 기본 드레싱이며 질 좋은 올리브 오일이 사용된다. 여기에 소금, 후추로 간을 하며 양파, 파프리카, 허브잎 등 각종 채소 또는 상큼한 맛을 위해 레몬즙이 첨가되기도 한다. 만들고 시간이 지나면 오일과 식초가 분리되므로 샐러드에 넣기 직전 잘 저어서 넣는 것이 좋다. 오일 드레싱의 가장 기본이 되는 레시피이며 이를 바탕으로 다양한 종류의 오일 드레싱을 만들 수 있다.

(2) 마요네즈(mayonnaise)

달걀노른자 속에 함유된 성분인 레시틴의 유화 효과를 활용하여 만든 드레싱으로 시간이 지나도 기름과 수분이 분리되지 않고 걸쭉한 유화 상태를 유지한다. 사우전 아일랜드 드레싱, 타르타르 소스 등의 모체 소스가 되며 상큼하고 가벼운 느낌의 비네그레트에 비해 농후하고 고소한 맛이 나며 칼로리가 높은 것이 특징이므로 사용 시 분량에 유의한다.

2. 드레싱에 자주 사용되는 재료들

(1) 소금(salt)

모든 음식의 기초가 되는 맛을 내는 소금은 샐러드에서도 없어서는 안 될 중요한 양념으로 염화나트륨(NaCl) 성분에 의해 짠맛을 낸다. 우리나라에서는 주로 염전에서 바닷물을 증발시켜 만드는 방법으로 소금을 생산하며, 세계적으로 많이 사용되는 암염은 지각 변동으로 인해 과거에는 바다였지만 현재는 땅으로 변한 지역에 매장되어 있다.

● **소금의 종류**

천일염

바닷물을 염전으로 끌고 와 바람과 햇빛으로 생산해 낸 소금으로 굵은 소금, 왕소금으로도 불린다. 염도 80~88%로 입자가 굵고 거칠며 연한 회색빛이 나고 칼슘염과 마그네슘염 등의 무기질이 존재하며 이는 채소의 섬유 조직을 단단하게 해주는 역할을 하므로 채소의 절임용으로 주로 사용된다.

재제염

꽃소금이라고도 불리는 재제염은 천일염을 물에 녹인 후 끓여 불순물을 제거하여 만든 것으로 순도가 98~99%이며 천일염에 비해 입자가 곱고 하얀색을 띠며 음식의 간을 맞추는데 주로 사용된다.

정제염

1%의 불순물도 남기지 않고 모두 정제해 염화나트륨만 100% 가까이 남긴 것으로 소금 중 짠맛이 가장 강하고 입자가 고우므로 천일염이나 재제염보다 적은 양을 사용하는 것이 좋다. 우리나라에서는 한주소금이 유일한 정제염이다.

암염

전 세계의 소금 중 90% 정도를 차지하며 순도가 높은 결정질의 염화나트륨으로 천일염에 비해 간수를 빼는 기간이 길어 더욱 정제된 소금을 얻을 수 있다. 히말라야 핑크솔트는 암염의 한 종류로 천일염 제조법과 같은 방법을 추가로 거쳐 결정을 얻으며 이 과정에서 들어가는 미네랄로 인해 분홍빛이 나며 인도, 파키스탄 히말라야 지역에서 주로 생산한다.

(2) 샐러드 오일(salad oil)

올리브 오일

올리브 열매를 압착해서 얻은 기름으로 올레인산(olelic acid)이라고 하는 불포화지방산이 많이 함유되어 있으며 이탈리아, 스페인, 그리스 등 햇빛이 좋은 지중해 지역에서 많이 생산되고 오일의 산가(acid value)에 의해 품질이 나뉘게 된다.

● 올리브 오일의 종류

엑스트라 버진(extra vergine)

수확한 후 맨 처음 압착한 기름을 엑스트라 버진(extra virgin)이라고 하며 맛과 향, 색채, 신선도가 가장 뛰어난 최고 품질로 산가 0.8% 미만이다. 완전히 익지 않은 녹색의 올리브 열매를 화학 처리하지 않고 27℃ 이하로 냉압착해서 얻기 때문에 열에 의한 변성이 일어나지 않으며 짙은 녹색을 띤다. 고온으로 가열하면 좋은 영양 성분이 파괴될 수 있어 가열하지 않는 샐러드유로 사용하는 것이 가장 적합하다.

버진(vergine)

두 번의 압착 과정을 통해 추출하며 맛과 향이 우수하고, 첨가물이 없으며 산도가 0.8~2% 이내로 엑스트라 버진에 비해 산도가 약간 높으나 건강에 좋으며 요리용으로 널리 사용된다.

퓨어(pure)

기름에 섞인 여러 부산물을 걸러냈기에 '퓨어'라는 의미가 있으며, 두 번의 압착과 또 한 번의 정제를 거쳐 만들어지며 이 과정에서 불순물이 생기고 산도가 높아지므로 여기에 화학물질을 첨가해 정제시킨 후 압착 올리브유를 섞어 만든다. 산도 1~2% 이하로 올리브유의 좋은 성분은 줄어든 상태로 고온 가열이 가능해 샐러드 드레싱보다는 요리용으로 주로 사용된다.

포마스(pomace)

올리브를 압착하고 남은 오일을 화학 방식으로 짜내 정제한 것으로 핵산 공법을 사용해 추출한다.

● 올리브 오일의 산도(산가)

기름 100g 당 유리지방산의 비율로 유리지방산의 함량이 높을수록 산도가 높아 산패의 위험이 높아지며 산도가 낮을수록 신선한 기름이라고 할 수 있다. 퓨어나 포마스 등급의 올리브 오일은 화학적 방식으로 산도를 낮췄기 때문에 이를 기준으로 신선도를 판정할 수는 없다.

대두유(soybean oil)

흔히 콩기름으로 불리며 식물성 식용유의 대표급으로 알려진 대두유는 콩을 갈아 유기 용매와 섞어 지용성 성분을 용해, 추출해서 생산한다. 가격이 저렴해 샐러드 오일 뿐 아니라 여러 요리에 다용도로 광범위하게 사용한다.

해바라기 오일(sunflower oil)

오메가-6 지방산이 풍부하게 함유되어 있으며, 튀김용으로 주로 사용되고 향이 진하지 않아 드레싱에도 잘 어울린다.

카놀라 오일(canola oil)

유채꽃의 씨앗에서 짜낸 오일로 캐나다에서 주로 생산하므로 캐내디언 오일(canadian oil)로도 불리며 한국 이름은 채종유이다. 냄새가 없어 드레싱 제조 시 첨가되는 다양한 재료와 잘 어울린다.

(3) 식초(vinegar)

양조식초

곡류, 알코올성 음료, 과일 등을 원료로 초산균을 이용, 발효시켜 만든 것으로 발효되는 원재료에 따라 다양하며 현미식초, 사과식초, 감식초, 흑초, 포도로 만든 와인식초, 발사믹 식초 등 매우 다양하다.

합성식초

화학적으로 합성된 빙초산, 초산을 물에 희석해서 만들며 산도가 높고 발효된 양조식초에 비해 풍미와 영양이 부족하다. 발효 시간을 거치지 않아 제조 시간이 짧고 일정한 품질을 유지할 수 있으며 양조식초에 비해 가격이 저렴해 산업용으로 많이 이용된다.

● 발사믹 식초(balsamic vinegar)란?

이탈리아어로 '아세토 발사미코(Aceto Balsamico)'라 부르며, 한국에서는 영어식 표현인 '발사믹 비네거(Balsamic Vinegar)'를 번역하여 '발사믹 식초'라고 부른다. 이탈리아어 '발사미코(Balsamico)'는 '향기가 좋은, 상쾌하다'는 뜻을 가지고 있으며 'Aceto'는 '산(acid)', '식초'라는 뜻이다.

'발사믹'은 이탈리아의 북부 모데나 지방과 레쬬 에밀리아 지방에서 나온 포도 품종을 사용해 그 지방의 전통적인 기법으로 만들어야 붙일

수 있는 이름으로 포도를 으깨서 얻은 원액을 끓여 오크통에 넣은 후 짧게는 12년, 길게는 25년 이상 숙성시켜 만들기 때문에 소규모 생산을 위주로 한다. 시중에서는 'Wine Vinegar(포도주 식초)를 원료로 하여 식용색소와 캐러멜을 넣어 색과 맛을 낸 뒤, 전분을 첨가해 마치 오래 숙성시킨 것과 비슷한 느낌의 점성을 만들고, 2개월에서 3년 정도까지 숙성시켜 대량 생산한다. 여러 합성 첨가물들이 들어가기 때문에, 포도 즙만을 이용해서 만드는 정통 방식의 발사믹 식초와는 성분과 효능, 맛에서 차이가 난다.

● 발사믹 식초의 등급

발사믹 식초는 숙성 기간에 따라 등급이 부여되는데 12년은 Red, 18년은 Silver, 25년은 Gold의 라벨이 부착되며 3가지의 이탈리아 정부 인증마크로 표시된다.

① Aceto Balsamico Tradizionale di Modena (D.O.P.)
② Aceto Balsamico Tradizionale di Reggio Emilia (D.O.P.)
③ Aceto Balsamico di Modena (I.G.P.)

(4) 허브(herb) 앤 스파이스(spice)

후추(pepper)

인도, 동남아 등 열대지방에서 널리 생산되며 가장 대표적인 향신료로 전 세계에서 널리 사용된다. 육류, 수프, 소스 등에서 재료가 가진 잡내를 없애주고 맛과 향을 풍부하게 해 주는 역할을 한다.

색상에 따라 흑후추, 백후추, 녹색후추, 적후추로 나뉘며 후추가 덜 익어 녹색 열매인 상태에서 수확해 건조시킨 것이 흑후추(black pepper)이며 톡 쏘는 매운맛과 진한 향기가 특징이다. 백후추(white pepper)는 완전히 익은 붉은색 후추 열매를 물에 담가 겉껍질을 벗겨낸 것으로 매운맛이 덜하고 향이 부드러우며 색이 연해 밝은색의  요리에 적합하다. 적후추(red pepper)는 완전히 붉게 익은 후추 열매를 따서 그대로 말린 것으로 특유의 붉은색이 그대로 살아 요리에 장식의 역할을 하며 녹색후추(green pepper)와 더불어 유통기간이 짧아 산지에서 주로 사용된다.

바질(basil)

엷은 신맛과 강한 향기를 가진 민트과로 생잎과 가루 모두 사용되며 올리브 오일과 잘 어울려 드레싱에 많이 사용되며 토마토요리에 없어서는 안 될 향신료로 특히 이탈리아에서 많이 사랑받는다.

로즈마리(rosemary)

강장, 진정, 소화 등에 효과가 있고 항균 작용을 하며 강한 향기를 가지고 있어 돼지고기, 양고기 등 냄새가 강한 육류요리, 수프, 스튜, 소시지 등에 많이 사용된다.

타임(thyme)

향기가 백리(百里)까지 간다고 해서 백리향(百里香)이라고도 한다. 동서양의 요리에 두루 쓰이며 채소, 육류, 어패류, 달걀, 수프, 스튜, 샐러드에 광범위하게 사용된다.

오레가노(oregano)

맵고 쌉쌀한 맛과 독특한 향이 토마토와 잘 어울리는 허브이며 토마토요리, 피자, 치즈, 육류, 생선, 채소요리에 두루 사용된다.

파슬리(parsley)

한국에 가장 많이 알려진 허브류로 싱싱한 생잎이나 말린 가루의 상태로 드레싱 뿐 아니라 음식의 장식용으로도 광범위하게 사용한다.

겨자(mustard)

씨를 말려서 통으로 쓰거나 가루로 만들어 사용하며 소금, 식초, 기름 등을 섞어서 소스로 만들어 드레싱이나 육류요리, 치즈요리, 소스 등에 쓰인다.

이탈리안 시즈닝(Italian seasoning)

바질, 파슬리, 오레가노, 로즈마리, 타임, 토마토 씨앗 등 각종 허브가루가 골고루 섞여 있는 시즈닝으로 여러 가지 허브를 한꺼번에 준비하기 어려울 때 편리하게 사용할 수 있다.

3. 드레싱 만들 때 꼭 지켜야 할 핵심 요소

① 신선한 재료를 사용하는 것이 좋다.

모든 요리가 그렇듯이 드레싱에 사용되는 오일, 식초, 그 외의 재료들은 신선한 것으로 선택해 사용하는 것이 건강한 맛을 낼 수 있으며 이렇게 만들어진 드레싱이야말로 완벽하고 신선한 샐러드로 완성할 수 있다.

② 드레싱의 간은 약간 세게 한다.

드레싱은 간이 되지 않은 생채소에 곁들이는 경우가 대부분이므로 완성된 드레싱은 싱거운 느낌보다는 약간 세게 느껴질 정도로 간을 해야 샐러드에 섞었을 때 전체적인 맛의 균형을 잘 맞출 수 있다.

③ 너무 많은 양을 만들지 않는 것이 좋다.

드레싱에는 여러 종류의 재료들이 섞여 있는 상태로 이런 경우 유통기한이 길지 않고 쉽게 상할 수 있으며, 특히 드레싱의 기본 베이스로 사용되는 오일 종류는 한 번 공기 중에 노출되면 산패되기 쉽다. 많은 양을 한꺼번에 만들어 오래 사용하는 것보다는 샐러드를 만들 때 어울리는 드레싱을 그때그때 만들어 쓰는 것이 맛과 영양, 건강에 좋다.

④ 오일 베이스 드레싱은 사용 전 반드시 잘 섞는다.

유화가 지속되는 마요네즈와는 달리 비네그레트 종류의 오일 베이스 드레싱은 시간이 지나면 오일과 식초가 분리되어 층을 형성해 맛이 균일하지 않게 된다. 샐러드에 뿌리기 직전에 잘 섞거나 병에 넣어 흔들어 잘 유화시켜 사용하는 것이 좋다.

⑤ 너무 많은 재료를 사용하게 되면 드레싱 본연의 맛을 살릴 수 없다.

많은 재료가 들어간다고 해서 좋은 드레싱이 되는 것은 아니다. 재료가 가진 고유의 특징을 살려 최소한의 종류를 사용해 본연의 맛과 향을 살리는 것이 더 효과적이다.

4. 샐러드와 드레싱

　샐러드와 드레싱은 바늘과 실처럼 서로 없어서는 안 될 요소로 샐러드가 없는 드레싱, 드레싱이 없는 샐러드는 아무 의미 없는 요리가 될 수밖에 없으므로 이 두 가지는 서로가 꼭 맞는 부부 또는 친구 같은 사이다. 아무리 예쁘고 세련된 옷이라도 그 사람에게 어울려야 꼭 맞는 느낌이 드는 것처럼 샐러드에 어울리는 드레싱을 준비하는 것은 샐러드에 꼭 맞는 옷을 찾는 것이라고 할 수 있다. 드레싱에 의해 샐러드의 맛이 한층 깊어지고 더 싱싱하게, 더 맛있게 느껴질 수 있으며 샐러드에 의해 드레싱의 품격이 살 수도 있다.

　샐러드(salad)는 소금(salt)에서 그 어원이 온 것으로 처음에는 채소에 소금을 뿌려 간을 해서 먹은 것에서 출발했다고 볼 수 있다. 현재는 채소 외에도 육류와 어패류, 과일류 등 다양한 재료를 사용해서 만든다. 채소류를 사용하는 샐러드는 오일 베이스의 가벼운 느낌의 드레싱이 좀 더 어울리고, 수조육류를 곁들여 만드는 샐러드에는 농후한 맛의 드레싱이 어울리기도 하지만 꼭 정답은 아니므로 샐러드의 맛과 색, 질감에 따라 다양한 드레싱을 매칭해 보는 것도 좋을 듯 하다.

● **샐러드는 어떤 종류가 있을까?**

　샐러드는 보통 신선한 생채소를 차갑게 준비해서 만들지만 감자 샐러드처럼 익혀서 조리한 재료로 만들기도 하며 곁들이는 재료에 따라 단순 샐러드와 혼합 샐러드로 나눌 수 있다.

단순 샐러드(simple salad)
　양상추나 양배추, 치커리 등의 채소를 주로 사용하는데 신선한 채소를 먹기 좋은 크기로 썰거나 뜯어 샐러드용 볼에 담은 후 드레싱을 곁들여 낸다. 초록색 채소로 만드는 그린 샐러드나 양배추를 채 썰어 마요네즈로 버무려 만드는 콜슬로 샐러드가 여기 해당한다.

혼합 샐러드(compound salad)

채소에 수조육류나 해산물, 곡류 등을 곁들여 만드는 샐러드로 채소에 부족하기 쉬운 단백질과 탄수화물을 보충해 주므로 샐러드 하나만으로도 균형 있는 영양식이 될 수 있고 단순한 샐러드의 맛에 변화를 줄 수 있는 조리법이기도 하다. 치킨 샐러드, 해산물 샐러드, 파스타 샐러드 등이 여기에 해당한다.

단순(콜슬로) 샐러드

혼합(해산물) 샐러드

● 샐러드를 준비할 때 알아두면 좋은 점은?

① 샐러드의 생명은 재료의 신선함이 1순위이므로 사용될 채소는 싱싱한 것으로 준비해 깨끗이 손질하여 찬물에 담가 아삭한 식감이 되도록 준비해 놓는다.

② 샐러드 채소를 물에 너무 오래 담가두면 비타민 등의 수용성 영양소가 많이 손실되므로 싱싱해지면 물기를 충분히 털어내고 밀폐용기에 넣어 냉장고에 보관해 두는 것이 좋다.

③ 익히지 않은 재료를 주로 사용하므로 벌레나 병원균 등의 오염으로부터 안전성에 문제가 생길 수 있기 때문에 여러 번 충분히 세척해서 이를 예방하는 것이 중요하다.

PART **1**

상큼한 맛이 나는 드레싱

Dressing & Salad Recipe

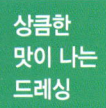
상큼한 맛이 나는 드레싱

프렌치 드레싱
French dressing

Information

맛	0	20	40	60	80	100%
단 맛						
신 맛	████					
짠 맛	██					
매운맛	█					
고소한맛						

재료

- 레몬 1/4개
- 마늘 1쪽
- 양파 40g(1/4개)
- 파슬리 1줄기
- 소금 1/2작은술
- 후춧가루 약간
- 식초 2큰술
- 엑스트라 버진 올리브유 1/2컵

드레싱 만들기

1. 레몬은 즙을 짜서 준비한다.
2. 마늘과 양파는 곱게 다진다.
3. 파슬리는 잎만 떼어 곱게 다진 후 면포에 감싸 흐르는 물에 씻어 물기를 꼭 짜서 보송보송하게 가루를 만든다.
4. 분량의 재료를 한데 담고 잘 흔들거나 거품기로 저어 완성한다.

> **코멘트** 프렌치 드레싱은 가장 기본이 되는 오일 드레싱으로 오일과 식초를 3 : 1로 배합하여 만든 후 시간이 지나면 기름과 수분이 분리되어 층을 이루므로 사용하기 직전에 잘 흔들어 사용하는 것이 좋다.

Salad recipe

해산물 샐러드
프렌치 드레싱
24쪽

재료

오징어 1마리, 홍합 100g, 새우 살 100g, 양파 1/4개, 당근 1/8개, 셀러리 1/2대, 레몬 1/4개, 월계수잎 1장, 으깬 통후추 약간, 소금 약간, 양상추 1/6통, 치커리 20g, 새싹채소 20g, 딜 2줄기

샐러드 만들기

1. 오징어는 배를 가르지 않고 다리를 잡아당겨 내장을 뺀 후 속을 깨끗이 씻는다.
2. 홍합은 족사를 제거해 깨끗이 씻어 준비하고 새우 살은 냉동일 경우 해동해 둔다.
3. 양파, 당근, 셀러리는 채 썰어 놓는다.
4. 물을 넣은 냄비에 레몬 조각, 월계수잎, 으깬 통후추, 소금을 넣은 후 홍합을 넣어 끓인다.
5. 홍합이 입을 열면 건져내고 새우 살을 데쳐 낸 다음 마지막으로 오징어를 데쳐 낸다.
6. 데쳐 낸 오징어는 링 모양으로 썬다.
7. 양상추와 치커리는 한입 크기로 뜯어 찬물에 담가 싱싱해지면 물기를 털어내고 접시의 중앙에 소복하게 담는다.
8. 준비한 해물은 접시 가장자리에 보기 좋게 돌려 담고 딜을 잘게 뜯어 군데군데 올린다.
9. 분량의 프렌치 드레싱을 잘 섞어 샐러드에 골고루 뿌린다.

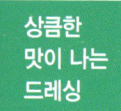
상큼한 맛이 나는 드레싱

유자청 드레싱
Citron and sugar in a jar dressing

Information

맛	0	20	40	60	80	100%
단맛						
신맛						
짠맛						
매운맛						
고소한맛						

재료

유자청 2큰술
양파 40g(1/4개)
파슬리 1줄기
샐러드유 1/2컵
사이다 식초 2큰술
소금 1/4작은술

드레싱 만들기

1. 유자청과 양파는 각각 잘게 다져 준비한다.
2. 파슬리는 잎만 떼서 곱게 다진 후 면포에 감싸 흐르는 물에 씻어 물기를 꼭 짜서 가루를 만든다.
3. 볼에 1과 2의 재료를 넣는다.
4. 여기에 샐러드유, 사이다 식초, 소금을 넣고 한쪽 방향으로 잘 저어 드레싱을 완성한다.

> **코멘트** 늦가을부터 초겨울 사이에 출시되는 유자는 속살과 씨를 발라내고 껍질 부분을 잘게 채 썰어 동량의 설탕에 버무려 한 달 이상 숙성시키면 풍부한 향의 유자청이 만들어진다.

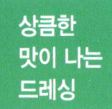
상큼한 맛이 나는 드레싱

사워크림 드레싱
Sour cream dressing

Information

맛	0	20	40	60	80	100%

- 단 맛
- 신 맛
- 짠 맛
- 매운맛
- 고소한맛

재료

사워크림 1/2컵

마요네즈 1/2컵

양파 80g(1/2개)

마늘 2쪽

소금 1/2작은술

흰 후춧가루 약간

드레싱 만들기

1. 양파는 껍질을 벗기고 잘게 썰어 준비한다.
2. 믹서에 양파와 마늘, 사워크림, 마요네즈, 소금, 흰 후춧가루를 같이 넣는다.
3. 양파와 마늘이 곱게 갈릴 때까지 갈아 완성한다.

> **코멘트** 사워크림은 생크림을 젖산으로 발효시켜 만들어 신맛이 난다. 드레싱, 고기 요리, 과자 등에 곁들여져 다양하게 사용된다. 유통 기한이 짧으므로 구입 시에 유의하도록 한다.

키위 드레싱
Kiwi dressing

Information

맛	0	20	40	60	80	100%
단맛						
신맛						
짠맛						
매운맛						
고소한맛						

재료

- 키위 2개
- 양파 40g(1/4개)
- 샐러드유 1/2컵
- 레몬 1/4개
- 식초 2큰술
- 설탕 2큰술
- 소금 1/2작은술

드레싱 만들기

1. 키위는 껍질을 벗겨 잘게 썰어 준비한다.
2. 양파는 키위와 같은 크기로 썰어 준비한다.
3. 레몬은 즙을 낸다.
4. 믹서에 키위와 양파를 넣고, 샐러드유, 레몬즙, 식초, 설탕, 소금을 넣어 갈아서 드레싱을 완성한다.

코멘트 식이섬유, 엽산, 칼륨 등의 영양이 풍부한 키위는 신맛이 매우 강하므로 구입 후 충분히 숙성시켜 과육이 부드러울 때 먹어야 풍부해진 단맛을 즐길 수 있다.

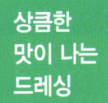

이탈리안 드레싱
Italian dressing

Information

맛	0	20	40	60	80	100%
단맛						
신맛						
짠맛						
매운맛						
고소한맛						

재료

양파 40g(1/4개)
양파 5g(1쪽)
레몬 1/4개
파프리카 가루 1작은술
오레가노 말린 것 1작은술
레드와인 식초 1/4컵
엑스트라 버진 올리브유 1/2컵
설탕 1큰술
소금 1작은술
후춧가루 약간

드레싱 만들기

1. 양파와 마늘은 곱게 다져 준비한다.
2. 레몬은 즙을 내어 준비한다.
3. 분량의 재료를 한데 담고 설탕과 소금의 입자가 완전히 녹을 때까지 잘 흔들거나 거품기로 저어 완성한다.

 식초(vinegar)는 중세 프랑스어인 'vin aigre(시어버린 와인)'에서 어원이 왔으며 레드와인 식초는 와인처럼 붉은 빛을 띠며 풍부한 과일 향이 나는 것이 특징이다.

Salad recipe

**방울토마토
절임 샐러드**

이탈리안 드레싱
34쪽

재료

방울토마토 1kg, 파프리카 1/4개, 피망 1/4개, 바질 4장

샐러드 만들기

1. 방울토마토는 꼭지를 제거하고 끓는 물에 살짝 데친 후 껍질을 벗겨 놓는다.
2. 파프리카와 피망은 씨를 제거하고 잘게 다진다.
3. 바질잎은 다진다(바질가루를 이용하여도 좋다).
4. 큰 볼에 1~3을 담는다.
5. 이탈리안 드레싱을 만들어 4에 부은 후 골고루 섞는다.
6. 냉장실에 30분 정도 넣어 두었다가 시원하게 내놓는다.

상큼한 맛이 나는 드레싱

파인애플 드레싱
Pineapple dressing

Information

맛	0	20	40	60	80	100%
단 맛						
신 맛						
짠 맛						
매운맛						
고소한맛						

재료

- 통조림 파인애플 2쪽
- 사과 50g(1/4개)
- 양파 40g(1/4개)
- 샐러드유 1/2컵
- 레몬 1/4개
- 식초 2큰술
- 소금 1/2작은술
- 파슬리 가루 1/2작은술

드레싱 만들기

1. 통조림 파인애플을 준비하여 잘게 썰어 놓는다.
2. 사과는 껍질을 벗겨 잘게 썰고 양파도 같은 크기로 썰어 놓는다.
3. 레몬은 즙을 내어 준비한다.
4. 믹서에 파인애플, 사과, 양파를 넣고, 샐러드유, 레몬즙, 식초, 소금을 넣어 곱게 간 후 파슬리 가루를 넣고 잘 섞어 완성한다.

> **코멘트** 샐러드유는 샐러드드레싱에 사용되는 가장 기본 재료로 올리브유, 옥수수유, 면실유, 카놀라유, 대두유, 호두유 등이 있다.

Information

맛	0	20	40	60	80	100%
단 맛		■■				
신 맛		■				
짠 맛						
매운맛						
고소한맛						

재료

딸기 100g
양파 40g(1/4개)
마요네즈 1/2컵
생크림 2큰술
설탕 1큰술
소금 1/2작은술
레몬 1/4개

드레싱 만들기

1. 레몬은 즙으로 만든다.
2. 딸기는 꼭지를 떼어 내고 흐르는 물에 씻어 물기를 제거한 후 잘게 썰어 놓는다.
3. 양파는 딸기와 같은 크기로 썬다.
4. 믹서에 딸기와 양파, 마요네즈, 생크림, 설탕, 소금, 레몬즙을 넣고 곱게 갈아 완성한다.

> **코멘트** 딸기는 쉽게 구할 수 있는 제철에 넉넉하게 구입해 손질한 다음 지퍼백에 넣어 냉동 보관해 두면 드레싱 외에도 음료, 잼 등 매우 유용하게 사용할 수 있다. 시판되는 냉동 딸기를 구입해 사용하여도 좋다.

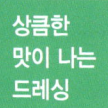
상큼한 맛이 나는 드레싱

사과 마요 드레싱
Apple mayo dressing

Information

맛	0	20	40	60	80	100%
단 맛						
신 맛						
짠 맛						
매운맛						
고소한맛						

재료

- 사과 100g(1/2개)
- 마요네즈 1컵
- 양파 40g(1/4개)
- 레몬주스 2큰술
- 설탕 2큰술
- 소금 약간
- 후춧가루 약간

드레싱 만들기

1. 사과는 껍질과 씨를 제거하고 잘게 썰어 놓는다.
2. 양파도 사과와 같은 크기로 썬다.
3. 믹서에 사과와 마요네즈, 양파, 레몬주스, 설탕, 소금, 후춧가루를 같이 넣고 곱게 갈아 완성한다.

> **코멘트** 사과는 껍질을 벗긴 상태로 방치하면 갈변 효소에 의해 색이 변하나 마요네즈, 레몬주스 등과 함께 믹서에 갈면 시간이 지나도 깨끗한 색을 유지할 수 있다. 레몬주스에 함유된 비타민 C가 과일의 갈변을 방지하는 역할을 한다.

Salad recipe

재료

양배추 1/4통, 당근 1/2개, 상추 4장

샐러드 만들기

1. 양배추는 굵은 잎맥을 제거하고 결 반대로 얇게 채 썰어 물에 담가 싱싱하게 준비한다
2. 당근은 가늘게 채 썰어 물에 담가 놓는다.
3. 위의 양배추와 당근은 한데 합해 체에 밭쳐 물기를 충분히 제거해 준비한다.
4. 3의 양배추와 당근에 준비한 사과 마요 드레싱을 넣어 젓가락으로 살살 무쳐낸다.
5. 접시에 상추를 깔고 4의 콜슬로 샐러드를 담는다.

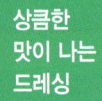
상큼한 맛이 나는 드레싱

양파 드레싱
Onion dressing

Information

맛	0	20	40	60	80	100%

- 단 맛
- 신 맛
- 짠 맛
- 매운맛
- 고소한맛

재료

양파 80g(1/2개)

사과 50g(1/4개)

레몬 1/4개

엑스트라 버진 올리브유 1/2컵

마늘 1쪽

식초 2큰술

소금 1/2작은술

후춧가루 약간

드레싱 만들기

1. 레몬은 즙을 낸다.
2. 양파는 잘게 썰어 준비한다.
3. 사과는 껍질과 씨를 제거하고 양파와 같은 크기로 썬다.
4. 믹서에 양파와 사과를 넣고, 올리브유, 마늘, 식초, 레몬즙, 소금, 후춧가루를 넣어 곱게 갈아 완성한다.

> **코멘트** 오일 드레싱으로 가장 많이 사용되는 올리브유는 올레산(oleic acid)이 주성분으로 8℃ 이하에서 하얗게 굳고 실온에 두면 다시 원상태로 돌아오는데 가급적이면 직사광선을 피해 실온에 보관하도록 한다.

발사믹 드레싱
Balsamic dressing

상큼한 맛이 나는 드레싱

Information

맛	0	20	40	60	80	100%
단맛						
신맛						
짠맛						
매운맛						
고소한맛						

재료

- 발사믹식초 4큰술
- 양파 80g(1/2개)
- 마늘 5g(1쪽)
- 레몬 1/4개
- 엑스트라 버진 올리브유 1/2컵
- 소금 1/2작은술
- 후춧가루 약간

드레싱 만들기

1. 레몬은 즙을 내어 준비한다.
2. 양파와 마늘은 잘게 다져 준비한다.
3. 볼 또는 드레싱 용기에 2를 넣고, 발사믹식초, 올리브유, 레몬즙, 소금, 후춧가루를 넣는다.
4. 내용물을 잘 젓거나 충분히 흔들어 드레싱을 완성한다.

> **코멘트** 이탈리아어로 '향기가 좋다'는 뜻을 지니고 있는 발사믹(balsamico) 식초는 단맛이 강한 포도즙을 나무통에 넣고 숙성시킨 포도주 식초의 일종으로 숙성 기간이 길수록 향미와 풍미가 좋아진다.

상큼한 맛이 나는 드레싱

시트러스 당근 드레싱
Citrus carrot dressing

Information

| 맛 | 0 | 20 | 40 | 60 | 80 | 100% |

- 단 맛: ~30
- 신 맛: ~35
- 짠 맛: ~10
- 매운맛: 0
- 고소한맛: 0

재료

- 당근 60g(1/4개)
- 양파 40g(1/4개)
- 귤 100g(1개)
- 샐러드유 1/4컵
- 오렌지주스 1/4컵
- 마늘 2쪽
- 소금 1/2작은술

드레싱 만들기

1. 당근과 양파는 잘게 썰어 놓는다.
2. 귤은 겉껍질과 속껍질을 벗겨 속 알맹이만 준비해 놓는다.
3. 믹서에 1과 2의 재료를 넣고, 분량의 샐러드유, 오렌지주스, 마늘, 소금을 넣어 곱게 갈아 완성한다.

> **코멘트** 구연산(citric acid)이란 오렌지 계열의 과일 속이 citrus이므로 시트러스에서 나온 산을 의미한다. 귤과 오렌지 외에도 자몽, 라임, 레몬, 유자 등을 사용하여 상쾌한 신맛의 시트러스 드레싱을 만들 수 있다.

Salad recipe

불고기 샐러드
시트러스 당근 드레싱
50쪽

재료

소고기(불고깃감) 150g, 겨자잎 4장, 꽃양배추 4장, 상추 4장, 무순 10g, 붉은 파프리카 1/4개, 노란 파프리카 1/4개, 양파 1/2개

불고기 양념 재료

간장 1큰술, 설탕 1/2큰술, 다진 파 1큰술, 다진 마늘 1/2큰술, 깨소금 1작은술, 참기름 1작은술, 후춧가루 약간

샐러드 만들기

1. 소고기는 얇은 불고깃감을 준비하여 키친타월로 핏기를 제거해 놓는다.
2. 1의 소고기에 불고기 양념을 잘 섞어 밑간한 후 10여 분 잰 다음 팬에 구워 낸다.
3. 겨자잎, 꽃양배추, 상추는 각각 한입 크기로 뜯어 찬물에 담가 싱싱해지면 물기를 제거해 준비한다.
4. 무순도 찬물에 담갔다가 물기를 제거해 놓는다.
5. 붉은 파프리카와 노란 파프리카는 각각 먹기 좋은 크기로 썰어 준비한다.
6. 양파는 결 반대로 굵게 채 썰어 물에 담가 매운맛을 없앤 후 물기를 제거한다.
7. 준비된 채소를 그릇에 보기 좋게 담고 2의 불고기를 얹어 준다.
8. 시트러스 당근 드레싱을 위의 샐러드에 끼얹은 후 무순을 얹어 낸다.

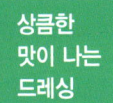

체리 드레싱
Cherry dressing

Information

맛	0	20	40	60	80	100%

- 단 맛
- 신 맛
- 짠 맛
- 매운맛
- 고소한맛

재료

체리 100g
사과 50g(1/4개)
엑스트라 버진 올리브유 1/2컵
레몬 1/4개
식초 2큰술
설탕 1큰술
소금 1/2작은술

드레싱 만들기

1. 체리는 깨끗이 씻어 꼭지를 제거한 후 씨를 빼고 반으로 잘라 놓는다.
2. 사과는 껍질을 벗겨 잘게 썰어 놓는다.
3. 레몬은 즙을 내어 준비한다.
4. 믹서에 체리와 사과를 넣고 올리브유, 레몬즙, 식초, 설탕, 소금을 같이 넣어 곱게 갈아 완성한다.

 체리는 베이킹 소다를 풀어 놓은 물에 5분 정도 담가 잔류 농약을 제거한 후 꼭지를 떼어내고 구멍이 체리씨만한 빨대를 이용하여 꼭지 부분을 꾹 누르면 씨가 쉽게 제거된다.

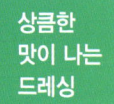
상큼한 맛이 나는 드레싱

레몬청 드레싱
Lemon and sugar in a jar dressing

Information

맛	0	20	40	60	80	100%
단 맛						
신 맛						
짠 맛						
매운맛						
고소한맛						

재료

- 레몬청 4큰술
- 양파 80g(1/2개)
- 마늘 5g(1쪽)
- 피망 20g(1/4개)
- 파프리카 20g(1/5개)
- 엑스트라 버진 올리브유 1/2컵
- 식초 2큰술
- 소금 1/2작은술
- 후춧가루 약간

드레싱 만들기

1. 레몬청 건더기는 잘게 다져 준비한다.
2. 양파와 마늘, 피망, 파프리카도 잘게 다져 놓는다.
3. 드레싱 용기에 1과 2의 재료를 담고, 올리브유, 식초, 소금, 후춧가루를 넣고 잘 섞어 완성한다.

> **코멘트** 레몬은 씻어 반으로 자른 후 씨를 제거하고 잘게 썰어서(제스트) 동량의 설탕에 재어 밀봉해 놓으면 향긋한 레몬청이 만들어지는데 드레싱 외에 물 또는 탄산수에 희석하여 뜨겁거나 차가운 음료로도 이용할 수 있다.

상큼한 맛이 나는 드레싱

자몽 드레싱
Grapefruit dressing

Information

맛	0	20	40	60	80	100%

- 단 맛: ~20
- 신 맛: ~40
- 짠 맛: ~10
- 매운맛:
- 고소한맛:

재료

- 자몽 100g(1/2개)
- 자몽주스 1/2컵
- 꿀 2큰술
- 엑스트라 버진 올리브유 1/2컵
- 소금 1/2작은술
- 후춧가루 약간
- 민트 2줄기

드레싱 만들기

1. 자몽은 겉껍질과 속껍질을 모두 제거하고 과육이 탱글탱글하게 남아있을 만큼 속살을 적당히 부숴 놓는다.
2. 자몽 속살과 위의 재료, 자몽주스, 꿀, 올리브유, 소금, 후춧가루를 넣고 잘 섞는다.
3. 마지막에 민트잎을 넣어 완성한다.

> **코멘트** 자몽은 매우 상큼한 맛을 내지만 쓴맛도 강하다. 특히 과육을 감싸고 있는 속껍질에서 쓴맛이 많이 나는데 이 속껍질을 벗기고 사용하면 쓴맛이 줄어 훨씬 상큼하게 느껴진다.

상큼한 맛이 나는 드레싱

매실청 드레싱
Japanese apricot and suger in a jar dressing

Information

맛	0	20	40	60	80	100%

- 단 맛: ~20%
- 신 맛: ~40%
- 짠 맛: ~20%
- 매운맛: 0
- 고소한맛: 0

재료

- 매실청 1/4컵
- 매실장아찌 20g
- 양파 40g(1/4개)
- 마늘 5g(1쪽)
- 레몬 1/4개
- 엑스트라 버진 올리브유 1/2컵
- 소금 1/2작은술
- 후춧가루 약간

드레싱 만들기

1. 레몬은 즙을 낸다.
2. 매실장아찌와 양파, 마늘은 각각 잘게 다져 준비한다.
3. 드레싱 용기에 2의 재료를 모두 담고, 매실청, 레몬즙, 올리브유, 소금, 후춧가루를 넣는다.
4. 3이 뿌옇게 섞일 때까지 잘 젓거나 흔들어 드레싱을 완성한다.

> **코멘트** 매실장아찌는 과육이 단단한 청매실에 열십자로 칼집을 넣은 후 방망이로 두드려 씨를 제거한 다음 동량의 설탕에 버무려 3개월 이상 숙성시켜 만드는데, 가라앉은 설탕이 완전히 녹을 수 있게 3~4일에 한 번씩 저어준다.

Salad recipe

구운 파프리카 샐러드
매실청 드레싱
60쪽

재료

붉은 파프리카 1개, 노란 파프리카 1/2개, 아스파라거스 4개, 올리브 5개

샐러드 만들기

1. 붉은 파프리카와 노란 파프리카는 각각 겉 부분이 약간 탈 정도로 석쇠에 구운 후 찬물에 씻어가며 껍질을 벗겨 낸다(파프리카의 꼭지 부분을 제거하고 호일로 감싸 오븐에 구운 후 껍질을 벗겨도 좋다).
2. 껍질을 벗겨 낸 파프리카는 한입 크기로 큼직하게 썬다.
3. 아스파라거스는 줄기 밑동 부분을 살짝 깎아 낸 후 끓는 물에 소금을 넣고 30초 정도 데쳐 찬물에 식혀 먹기 좋은 길이로 썬다.
4. 볼에 파프리카, 아스파라거스, 올리브를 담아 놓는다.
5. 준비된 매실청 드레싱을 4의 볼에 넣고 골고루 버무린 후 그릇에 담아낸다.

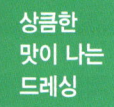
상큼한 맛이 나는 드레싱

블루베리 드레싱
Blueberry dressing

Information

맛	0	20	40	60	80	100%
단맛						
신맛						
짠맛						
매운맛						
고소한맛						

재료

블루베리 120g(1/2컵)

사과 50g(1/4개)

양파 40g(1/4개)

마요네즈 1/2컵

설탕 2큰술

소금 1/2작은술

드레싱 만들기

1. 블루베리는 생으로 또는 냉동으로 준비하여 씻은 후 물기를 빼 놓는다.
2. 사과는 껍질과 씨를 제거하여 잘게 썰어 놓고, 양파도 같은 크기로 썬다.
3. 믹서에 블루베리와 사과, 양파를 넣고 마요네즈, 설탕, 소금을 넣은 후 곱게 갈아 완성한다.

> **코멘트** 21세기의 슈퍼푸드로 알려진 블루베리는 특히 눈 망막 속에 존재하는 로돕신의 재합성 작용을 촉진하여 시력을 개선시키는 효과가 있으며, 진한 보랏빛 색소는 강력한 항산화 작용을 한다.

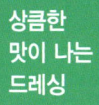
상큼한 맛이 나는 드레싱

오렌지주스 요구르트 드레싱
Orange juice yogurt dressing

Information

| 맛 | 0 | 20 | 40 | 60 | 80 | 100% |

- 단 맛
- 신 맛
- 짠 맛
- 매운맛
- 고소한맛

재료

- 오렌지주스 1/2컵
- 엑스트라 버진 올리브유 1/2컵
- 요구르트 2병
- 올리고당 2큰술
- 사이다 식초 2큰술
- 소금 1/2작은술

드레싱 만들기

1. 냄비에 오렌지주스를 넣고 1/4 분량이 될 때까지 졸인 후 차게 식힌다.
2. 1에 올리브유, 요구르트, 올리고당, 사이다 식초, 소금을 넣는다.
3. 위의 재료를 잘 섞어 드레싱을 완성한다.

> **코멘트**
> 사이다 식초는 사과를 발효시켜 만든 식초로 일반 식초보다 맛이 더 상큼하고 신선한 사과와 벌꿀의 향이 난다.
> 드레싱은 오일과 식초 등 부재료들이 쉽게 분리되므로 사용하기 전에 충분히 젓거나 흔들어 주어야 한다.

상큼한 맛이 나는 드레싱

마요네즈 드레싱
Mayonnaise dressing

Information

맛	0	20	40	60	80	100%

- 단맛
- 신맛
- 짠맛
- 매운맛
- 고소한맛

재료

달걀노른자 1개
머스터드소스 1작은술
설탕 1작은술
소금 1/2작은술

흰 후춧가루 약간
샐러드유 1/2컵
식초 2큰술
레몬 1/4개

드레싱 만들기

1. 레몬은 즙을 내어 준비한다.
2. 볼에 달걀노른자와 머스터드소스, 설탕, 소금, 흰 후춧가루를 같이 넣는다.
3. 2의 재료를 거품기를 사용하여 한 방향으로 젓는다.
4. 3에 샐러드유를 한 방울씩 넣으며 분리되지 않도록 계속 한 방향으로 젓는다.
5. 농도가 되직해질 때마다 식초를 넣어 농도를 조절하고 남은 샐러드유를 마저 넣고 젓다가 마지막에 레몬즙을 넣고 완성한다.

> **코멘트** 달걀노른자 속에 함유된 레시틴(lecithin)은 인지질 성분으로 수분과 유분의 결합을 도와주는 유화제 역할을 한다.

Salad recipe

브로콜리 감자 샐러드

마요네즈 드레싱
68쪽

재료

브로콜리 1개, 감자 300g, 통조림 옥수수 50g, 소금·후 춧가루 약간씩

샐러드 만들기

1. 브로콜리는 끓는 물에 소금을 넣고 1분 정도 데쳐 찬물에 식힌 후 물기를 제거하고 한입 크기로 썬다.
2. 감자는 껍질을 벗기고 밤톨 크기로 썰어 냄비에 넣고 감자가 잠길 정도의 물을 부은 후 소금을 약간 넣고 삶아 물기를 제거해 둔다.
3. 통조림 옥수수는 체에 밭쳐 물기를 제거한다.
4. 브로콜리와 감자, 통조림 옥수수를 한곳에 담고 소금과 후춧가루로 살짝 간한 후 마요네즈 드레싱을 넣어 버무려 낸다.

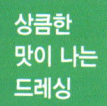
상큼한 맛이 나는 드레싱

토마토 드레싱
Tomato dressing

Information

맛	0	20	40	60	80	100%
단 맛						
신 맛						
짠 맛						
매운맛						
고소한맛						

재료

- 토마토소스 1/2컵
- 양파 40g(1/4개)
- 마늘 5g(1쪽)
- 물 1/2컵
- 엑스트라 버진 올리브유 4큰술
- 우스터소스 1큰술
- 설탕 1큰술
- 바질 1/4작은술
- 오레가노 1/4작은술
- 소금 1/2작은술
- 후춧가루 약간

드레싱 만들기

1. 양파와 마늘은 잘게 다져 준비한다.
2. 냄비에 샐러드유를 두르고 양파, 마늘을 넣어 볶는다.
3. 2에 토마토소스를 넣고 볶다가 물, 우스터소스, 설탕, 바질, 오레가노, 소금, 후춧가루를 넣고 잠깐 더 끓여 완성한다.

> **코멘트** 바질과 오레가노(oregano)는 토마토와 매우 잘 어울리는 향신료로, 건조된 형태로 시중에서 쉽게 구입할 수 있다. 생잎은 드레싱이 거의 완성된 단계에서 넣어야 건조된 제품보다 좋은 향을 유지할 수 있다.

상큼한 맛이 나는 드레싱

모과청 드레싱
Quince and sugar in a jar dressing

Information

맛	0	20	40	60	80	100%
단 맛						
신 맛						
짠 맛						
매운맛						
고소한맛						

재료

모과청 50g

엑스트라 버진 올리브유 1/2컵

레몬식초 2큰술

소금 1/2작은술

드레싱 만들기

1. 모과청은 건더기와 진액을 모두 믹서에 넣는다.
2. 믹서에 분량의 올리브유, 레몬식초, 소금을 넣는다.
3. 모과의 과육이 완전히 갈아질 때까지 곱게 갈아 드레싱을 완성한다.

> **코멘트** 늦가을에 노랗게 익은 모과를 구입해 세로로 4등분한 후 숟가락으로 속의 씨를 긁어내 0.2cm 두께로 얇게 썬 후 동량의 설탕과 켜켜로 채워 저장해 놓고 두 달 정도 지나면 향긋한 모과청이 완성된다. 모과 과육은 매우 단단하므로 드레싱을 만들 때 믹서에 갈아 사용하는 것이 좋다.

PART **2**

달콤한 맛이 나는 드레싱

Dressing & Salad Recipe

달콤한 맛이 나는 드레싱

허니머스터드 드레싱
Honey mustard dressing

Information

맛	0	20	40	60	80	100%

- 단맛
- 신맛
- 짠맛
- 매운맛
- 고소한맛

재료

벌꿀 2큰술
마요네즈 1/2컵
씨겨자(홀그레인 머스터드) 1큰술
식초 2큰술
레몬 1/4개
양파 40g(1/4개)
마늘 5g(1쪽)
소금 1/2작은술
후춧가루 약간

드레싱 만들기

1. 레몬은 즙을 내고, 양파와 마늘은 잘게 다져 준비한다.
2. 볼에 다진 양파와 마늘을 넣고, 마요네즈, 벌꿀, 씨겨자, 식초, 레몬즙, 소금, 후춧가루를 같이 넣는다.
3. 위의 재료가 완전히 섞이도록 잘 저어 완성한다.

> **코멘트** 홀그레인 머스터드(whole grain mustard)는 겨자씨를 굵게 갈거나 통으로 사용해 소금, 식초, 향신료 등을 첨가하여 만든 소스로, 일반 겨자보다 매운맛이 덜하고 씨가 씹히는 질감을 느낄 수 있어 샐러드드레싱뿐만 아니라 육류에 곁들여도 좋다.

Salad recipe

케이준 치킨 샐러드

허니머스터드 드레싱
78쪽

재료

양상추 1/4개, 치커리 20g, 새싹채소 20g, 방울토마토 8개, 닭가슴살 200g(소금 1/4작은술, 후춧가루 약간), 튀김용 기름 적당량

닭가슴살 튀김 반죽 재료

튀김가루 1컵, 밀가루 1/3컵, 고춧가루 1/2큰술, 파슬리 가루 1큰술, 후춧가루 약간, 물 3/4컵

샐러드 만들기

1. 양상추와 치커리는 한입 크기로 뜯어 새싹채소와 함께 찬물에 넣었다 건져 싱싱하게 한 후 물기를 잘 털어낸다.
2. 방울토마토는 2~4등분한다.
3. 닭가슴살은 반으로 포를 뜬 후 한입 크기로 썰어 소금, 후춧가루로 밑간을 한다.
4. 큰 볼에 분량의 닭가슴살 튀김 반죽 재료를 넣고 거품기로 저어 반죽한다.
5. 3의 닭가슴살에 4의 튀김 반죽을 묻혀 170℃ 정도로 달구어진 기름에 바삭하고 노릇하게 튀겨 낸다.
6. 튀긴 닭가슴살은 준비해 둔 채소, 방울토마토와 함께 접시에 보기 좋게 담아낸다.
7. 허니머스터드 드레싱을 함께 곁들인다.

| 달콤한 맛이 나는 드레싱 |

스위트 치즈 드레싱
Sweet cheese dressing

Information

맛	0	20	40	60	80	100%

- 단 맛
- 신 맛
- 짠 맛
- 매운맛
- 고소한맛

재료

슬라이스 치즈 2장
양파 40g(1/4개)
마늘 5g(1쪽)
올리고당 1/4컵
식초 2큰술

엑스트라 버진 올리브유 1/2컵
레몬 1/4개
타임 1작은술
소금 1/4작은술
후춧가루 약간

드레싱 만들기

1. 레몬은 즙을 낸다.
2. 슬라이스 치즈는 잘게 잘라 준비하고 양파와 마늘도 잘게 썰어 놓는다.
3. 믹서에 2의 재료를 넣고 올리브유, 올리고당, 식초, 레몬즙, 타임, 소금, 후춧가루를 넣는다.
4. 모든 재료가 곱게 갈아질 때까지 갈아 드레싱을 완성한다.

코멘트 타임(thyme)은 향이 100리까지 전해진다고 하여 '백리향'이라고도 한다. 치즈의 맛을 더욱 풍부하게 해 주는 향신료이며 고기의 누린내를 잡는 데도 탁월한 효과가 있다.

달콤한
맛이 나는
드레싱

단호박 연유 드레싱

Sweet pumpkin
condensed milk dressing

Information

맛	0	20	40	60	80	100%
단 맛						
신 맛						
짠 맛						
매운맛						
고소한맛						

재료

단호박 100g(1/4개)
연유 1/4컵
바닐라에센스 1/2작은술
마요네즈 1컵
생크림 1/4컵
소금 1/2작은술

드레싱 만들기

1. 단호박은 씨를 긁어내고 찜통에 20분 정도 쪄서 속살만 발라 준비한다.
2. 1의 단호박을 식힌 후 믹서에 넣고 분량의 연유, 바닐라에센스, 마요네즈, 생크림, 소금을 같이 넣는다.
3. 단호박의 입자가 크림 상태로 될 때까지 곱게 갈아 완성한다.

코멘트 단호박은 씨를 긁어내고 랩으로 씌워 전자레인지에서 7분 정도 가열한 후 반대로 뒤집어 다시 5분 정도 가열해 사용하여도 된다.

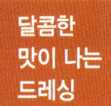

달콤한
맛이 나는
드레싱

바나나 드레싱
Banana dressing

Information

맛	0	20	40	60	80	100%
단맛						
신맛						
짠맛						
매운맛						
고소한맛						

재료

바나나 150g(1개)

사과 50g(1/4개)

마요네즈 1/2컵

우유 1/4컵

꿀 2큰술

레몬 1/4개

소금 1/2작은술

드레싱 만들기

1. 레몬은 즙을 내어 준비한다.
2. 바나나와 사과는 각각 껍질을 벗기고 잘게 썰어 준비한다.
3. 믹서에 2의 재료를 넣고 마요네즈, 우유, 꿀, 레몬즙, 소금을 분량대로 넣는다.
4. 바나나와 사과가 곱게 갈릴 때까지 충분히 갈아 완성한다.

 바나나는 껍질 부분에 검은 반점(sugar spot)이 생기기 시작할 때 당도가 가장 높지만 이후부터 부패하므로 빠른 시일 내에 섭취하는 것이 좋다.

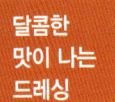
달콤한
맛이 나는
드레싱

벌꿀 요구르트 드레싱
Honey yogurt dressing

Information

맛	0	20	40	60	80	100%
단 맛						
신 맛						
짠 맛						
매운맛						
고소한맛						

재료

- 벌꿀 4큰술
- 플레인 요구르트 1/2컵
- 양파 40g(1/4개)
- 마늘 5g(1쪽)
- 생크림 1/2컵
- 식초 2큰술
- 소금 1/2작은술
- 후춧가루 약간

드레싱 만들기

1. 양파와 마늘은 잘게 썰어 믹서에 넣는다.
2. 여기에 플레인 요구르트, 생크림, 벌꿀, 식초, 소금, 후춧가루를 넣는다.
3. 양파와 마늘이 곱게 갈릴 때까지 갈아 드레싱을 완성한다.

> **코멘트** 꿀은 아카시아, 밤꽃, 유채꽃 등 자연에서 채밀한 자연꿀과 벌에 설탕물을 먹여 만든 사양꿀이 있다.

Salad recipe

단호박 샐러드
벌꿀 요구르트 드레싱
88쪽

재료

단호박 1/2개, 사과 1/2개, 건 크랜베리 20g, 슬라이스 아몬드 20g

샐러드 만들기

1. 단호박은 반으로 잘라 속의 씨를 긁어내고 전자레인지에 10분 정도 돌리거나 찜통에 쪄서 익힌다.
2. 단호박의 절반은 속을 긁어 으깨고 나머지 반은 껍질째 2cm 크기로 깍둑썰기한다.
3. 사과는 씨를 제거하고 잘게 썰어 준비한다.
4. 믹싱볼에 으깬 단호박과 썰어 놓은 단호박, 사과, 건 크랜베리를 넣는다.
5. 벌꿀 요구르트 드레싱을 4의 재료와 버무려 담아낸다.
6. 샐러드 위에 슬라이스 아몬드를 뿌려 마무리한다.

달콤한
맛이 나는
드레싱

배즙 드레싱
Pear juice dressing

Information

| 맛 | 0 | 20 | 40 | 60 | 80 | 100% |

- 단맛: ~40
- 신맛: ~20
- 짠맛: ~10
- 매운맛: 0
- 고소한맛: 0

재료

배 100g(1/2개)
레몬청 2큰술
엑스트라 버진 올리브유 1/2컵
꿀 2큰술
사이다 식초 2큰술
머스터드 1작은술
소금 1/4작은술

드레싱 만들기

1. 배는 껍질을 제거하고 강판에 갈아 면보자기로 짜서 즙만 준비한다.
2. 드레싱 용기에 배즙과 레몬청, 올리브유, 꿀, 사이다 식초, 머스터드, 소금을 넣는다.
3. 내용물을 잘 섞거나 흔들어 드레싱을 완성한다.

> **코멘트** 배는 달고 시원한 맛이 일품이지만 돌기가 있어 식감을 해칠 수 있으므로 강판에 갈아 건더기는 짜내고 즙만 사용하는 것이 깔끔하다.

PART 2 달콤한 맛이 나는 드레싱

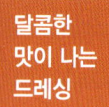
달콤한 맛이 나는 드레싱

포도 드레싱
Grape dressing

Information

맛	0	20	40	60	80	100%
단 맛						
신 맛						
짠 맛						
매운맛						
고소한맛						

재료

포도 200g

엑스트라 버진 올리브유 1/2컵

설탕 2큰술

식초 1큰술

소금 1/4작은술

드레싱 만들기

1. 포도는 알알이 따서 깨끗이 씻은 후 물기를 제거해 준비한다.
2. 냄비에 포도를 담아 약한 불에서 끓인다.
3. 포도가 뭉그러질 정도로 끓으면 체에 내려 씨를 제거한 후 진액을 준비한다.
4. 여기에 분량의 올리브유, 설탕, 식초, 소금을 넣고 잘 저어 완성한다.

 포도 진액은 드레싱 재료로 사용해도 좋지만 탄산수에 꿀 또는 시럽과 함께 타서 차갑게 제공하면 상큼한 포도에이드로 즐길 수 있다.

달콤한 맛이 나는 드레싱

망고 드레싱
Mango dressing

Information

맛	0	20	40	60	80	100%

- 단 맛: ~40
- 신 맛: ~30
- 짠 맛: ~10
- 매운맛:
- 고소한맛:

재료

- 망고 1개
- 양파 50g(1/4개)
- 파슬리 1줄기
- 엑스트라 버진 올리브유 1/2컵
- 꿀 2큰술
- 레몬 1/4개
- 식초 2큰술
- 소금 1/2작은술
- 후춧가루 약간

드레싱 만들기

1. 망고는 껍질과 씨를 제거하고 속살만 준비한다.
2. 양파는 잘게 다지고, 레몬은 즙을 낸다.
3. 파슬리는 잎을 따서 곱게 다진 후 면포에 감싸 흐르는 물에 씻어 물기를 꼭 짜서 가루로 만든다.
4. 믹서에 망고와 양파, 올리브유, 꿀, 레몬즙, 식초, 소금, 후춧가루를 넣고 곱게 간 후 파슬리 가루를 섞어 완성한다.

 망고는 칼날이 씨 바로 옆을 지나도록 세로로 가른 후 숟가락을 사용해 껍질에서 속살을 퍼내듯 분리하면 손쉽게 속살을 발라낼 수 있다.

PART 2 달콤한 맛이 나는 드레싱

달콤한
맛이 나는
드레싱

발사믹 허니 드레싱
Balsamic honey dressing

Information

맛	0	20	40	60	80	100%
단 맛						
신 맛						
짠 맛						
매운맛						
고소한맛						

재료

발사믹식초 1/4컵

꿀 1컵

다진 마늘 1큰술

엑스트라 버진 올리브유 1컵

레몬즙 1/2개

소금 1/2작은술

후춧가루 약간

드레싱 만들기

1. 레몬은 즙을 내어 준비한다.
2. 발사믹식초는 냄비에 담아 1/2 정도로 졸인다.
3. 2의 냄비에 분량의 꿀, 다진 마늘, 올리브유, 레몬즙, 소금, 후춧가루를 넣는다.
4. 위의 재료가 잘 섞여 걸쭉해질 때까지 거품기로 잘 젓는다.

> **코멘트** 향긋한 포도 향과 강한 신맛을 지닌 발사믹식초는 불에 졸이면 당도가 높아지고 신맛은 낮아진다.

Salad recipe

구운 버섯 샐러드
발사믹 허니 드레싱
98쪽

재료

표고버섯 50g, 느타리버섯 50g, 양송이버섯 50g, 양상추 1/6통

버섯 재움 양념 재료

올리브유 1/2컵, 바질가루 1/2작은술, 파슬리 가루 1/2작은술, 소금 1/2작은술, 통후추 간 것 1/4작은술

샐러드 만들기

1. 생표고, 느타리버섯, 양송이버섯은 각각 먼지를 살짝 털어내고 먹기 좋은 크기로 썬다.
2. 양상추는 한입 크기로 뜯어 찬물에 담가 싱싱하게 준비한다.
3. 분량의 버섯 재움 소스를 만들어 1의 버섯에 골고루 잰 후 노릇하게 굽는다.
4. 양상추의 물기를 빼고 3의 구운 버섯과 어우러지도록 접시에 담은 후 발사믹 허니 드레싱을 곁들인다.

달콤한
맛이 나는
드레싱

복숭아 드레싱
Peach dressing

Information

맛	0	20	40	60	80	100%

- 단 맛
- 신 맛
- 짠 맛
- 매운맛
- 고소한맛

재료

복숭아 200g(1개)

사과 50g(1/4개)

양파 40g(1/4개)

엑스트라 버진 올리브유 1/2컵

올리고당 2큰술

사이다 식초 2큰술

애플민트 1줄기

소금 1/2작은술

후춧가루 약간

드레싱 만들기

1. 복숭아는 반으로 갈라 씨를 제거하고 껍질째 잘게 썰어 놓는다.
2. 사과와 양파도 잘게 썰어 준비한다.
3. 믹서에 복숭아와 사과, 양파, 올리브유, 올리고당, 사이다 식초, 애플민트, 소금, 후춧가루를 넣고 곱게 갈아 완성한다.

 복숭아는 껍질을 벗기면 쉽게 갈변하지만, 적당량의 수분이 식초와 사과 속에 함유된 산 성분과 함께 드레싱의 갈변을 방지해 준다.

달콤한
맛이 나는
드레싱

홍시 당근 드레싱
Ripe persimmon carrot dressing

Information

맛	0	20	40	60	80	100%
단맛						
신맛						
짠맛						
매운맛						
고소한맛						

재료

홍시 100g
당근 50g
꿀 1큰술
엑스트라 버진 올리브유 1/2컵
감식초 2큰술
소금 1/2작은술

드레싱 만들기

1. 홍시는 껍질과 씨를 제거하고 속살만 준비한다.
2. 당근은 잘게 썬다.
3. 믹서에 홍시와 당근을 넣고 꿀, 올리브유, 감식초, 소금을 넣어 곱게 갈아 완성한다.

코멘트 시판되고 있는 냉동 홍시를 사용해도 좋은데 이때는 홍시를 해동하지 않고 바로 믹서에 갈아 사용한다. 또 홍시 속의 가운데에 실처럼 보이는 섬유질 성분은 떫은 맛이 있고 변비를 유발하므로 제거하는 것이 좋다.

레드와인 드레싱
Red wine dressing

Information

맛	0	20	40	60	80	100%

- 단맛: ~35%
- 신맛: ~25%
- 짠맛: ~20%
- 매운맛: 0
- 고소한맛: 0

재료

- 레드와인 1/2컵
- 레드와인 식초 2큰술
- 엑스트라 버진 올리브유 1/4컵
- 꿀 2큰술
- 마늘 5g(1쪽)
- 소금 1/2작은술
- 후춧가루 약간

드레싱 만들기

1. 레드와인을 냄비에 담고 1/4 분량이 될 때까지 서서히 졸인다.
2. 마늘은 곱게 다져 준비한다.
3. 1의 와인이 식으면 레드와인 식초, 올리브유, 꿀, 다진 마늘, 소금, 후춧가루를 넣고 잘 저어 드레싱을 완성한다.

> **코멘트** 레드와인은 졸여서 사용하면 특유의 신맛, 떫은맛이 어느 정도 제거되고 당도가 높아져 맛이 한결 부드러워진다.

달콤한 맛이 나는 드레싱

랜치 드레싱
Ranch dressing

Information

맛	0	20	40	60	80	100%
단 맛						
신 맛						
짠 맛						
매운맛						
고소한맛						

재료

마요네즈 3큰술
사워크림 3큰술
간 양파 2큰술
간 마늘 1작은술
설탕 1큰술
소금 1/4작은술
후춧가루 약간
파슬리 가루 약간

드레싱 만들기

1. 양파와 마늘은 블렌더로 곱게 갈아 준비한다.
2. 볼에 위의 양파와 마늘, 분량의 마요네즈, 사워크림, 설탕, 소금, 후추, 파슬리 가루를 넣어 잘 섞어 랜치 드레싱을 완성한다.
3. 블렌더에 잘게 썬 양파, 마늘과 나머지 재료를 함께 넣고 갈아 완성하면 더 편리하게 만들 수 있다.

> **코멘트** 랜치 드레싱(ranch dressing)은 마요네즈를 베이스로 하며 버터밀크, 각종 허브류가 들어가는 미국의 대표 드레싱으로 우리나라에서는 버터밀크를 구하기 어려우므로 사워크림이나 플레인 요거트를 대체해서 만들 수 있다. 샐러드 드레싱 뿐 아니라 감자튀김이나 치킨류의 디핑 소스로도 활용할 수 있다.

Salad recipe

콥샐러드 (Cobb salad)
랜치 드레싱
108쪽

재료

닭가슴살 200g(허브가루, 소금, 후추 밑간, 올리브 오일 약간), 달걀 1개, 아보카도 1/2개, 브로콜리 100g, 키드니빈스 통조림 50g, 양파 50g, 파프리카 50g

샐러드 만들기

1. 닭가슴살은 허브가루, 소금, 후추로 밑간을 한 후 올리브 오일을 두른 팬에 구운 후 사방 2cm 정도의 큐브 형태로 썬다.
2. 달걀은 삶아 얇게 슬라이스 해 놓는다.
3. 브로콜리는 기둥을 자르고 끓는 물에 소금을 넣고 1분간 삶은 후 찬물에 식혀 닭가슴살 크기로 썬다.
4. 양파와 파프리카도 같은 크기로 썬다.
5. 키드니빈스는 통조림으로 준비해 물기를 빼 놓는다.
6. 아보카도는 껍질이 까맣게 숙성된 것으로 준비해 씨와 껍질을 제거하고 다른 재료와 같은 크기로 썬다.
7. 준비된 재료들을 서로 섞이지 않도록 샐러드 볼에 가지런히 줄 맞춰 담는다.
8. 분량의 드레싱 재료를 한데 넣고 잘 섞어 랜치 드레싱을 만들어 곁들인다.

코멘트 미국의 요리사인 로버트 하워드 콥(Robert Howard Cobb)이 주방에 남은 재료를 작게 썰어 만든 것에서 유래한 미국식 샐러드로 단백질이 풍부한 재료가 함께 어울려 한 끼 식사로도 든든한 샐러드이다.

PART **3**

매콤한 맛이 나는 드레싱

Dressing & Salad Recipe

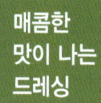

매콤한 맛이 나는 드레싱

두반장 드레싱

Chinese chilli bean sauce dressing

Information

| 맛 | 0 | 20 | 40 | 60 | 80 | 100% |

- 단맛
- 신맛
- 짠맛
- 매운맛
- 고소한맛

재료

두반장 1큰술
청고추 20g(1개)
다진 파 2큰술
다진 마늘 1큰술
샐러드유 1/2컵
굴소스 1/2큰술
식초 2큰술
후춧가루 약간

드레싱 만들기

1. 청고추는 잘게 다져 준비한다.
2. 드레싱 용기에 1의 재료를 담고 다진 파, 다진 마늘, 샐러드유, 두반장, 굴소스, 식초, 후춧가루를 넣는다.
3. 2의 재료를 잘 섞어 드레싱을 완성한다.

 두반장은 중국 쓰촨성의 특산물로 붉은 고추와 소금, 발효시킨 잠두로 만든다. 톡 쏘는 매운맛이 특징으로 사천요리에서 빠뜨릴 수 없는 필수 양념이며 사천식 샐러드드레싱으로 사용하면 좋다.

Salad recipe

피조개 실부추 샐러드
두반장 드레싱
114쪽

재료

피조개 500g, 실부추 50g, 홍고추 1개

샐러드 만들기

1. 피조개는 소금물에 담가 하루 해감한 후 깨끗이 씻는다.
2. 끓는 물에 소금을 넣고 피조개를 넣어 입을 열 때까지 삶는다.
3. 삶은 피조개에 모래가 남아 있는 경우는 삶은 물에 헹구어낸 후 절반으로 자른다.
4. 실부추는 깨끗이 씻어 3cm 정도 길이로 자른다.
5. 홍고추는 실부추와 같은 크기로 채를 썬다.
6. 피조개, 실부추, 홍고추를 볼에 담아 놓는다.
7. 준비해 둔 6의 재료에 두반장 드레싱을 넣고 가볍게 무쳐낸다.

매콤한 맛이 나는 드레싱

홀스래디시 드레싱
Horseradish dressing

Information

맛	0	20	40	60	80	100%

- 단 맛
- 신 맛
- 짠 맛
- 매운맛
- 고소한맛

재료

홀스래디시 2큰술
양파 40g(1/4개)
마늘 5g(1쪽)
레몬 1/4개
엑스트라 버진 올리브유 1/2컵
식초 2큰술
소금 1/2작은술
후춧가루 약간
차이브(서양 실파) 4줄기

드레싱 만들기

1. 레몬은 즙을 짜 놓는다.
2. 양파와 마늘은 잘게 썰어 믹서에 넣는다.
3. 2에 분량의 홀스래디시와 올리브유, 식초, 레몬즙, 소금, 후춧가루를 넣고 곱게 간다.
4. 차이브를 잘게 썰어 3의 드레싱에 섞어 마무리한다.

> **코멘트** 홀스래디시는 꽃, 잎, 뿌리, 열매가 고루 이용되며, 고추냉이처럼 톡 쏘는 매운맛이 나는 뿌리 부분을 가공한 제품이 시판되므로 손쉽게 구할 수 있다.

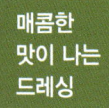
매콤한 맛이 나는 드레싱

고추기름 드레싱
Chili oil dressing

Information

맛	0	20	40	60	80	100%
단 맛						
신 맛	■■					
짠 맛	■					
매운맛	■■■■■					
고소한맛	■					

재료

- 고추기름 1/4컵
- 홍고추 20g(1개)
- 청고추 20g(1개)
- 다진 양파 4큰술
- 다진 마늘 1큰술
- 샐러드유 1/4컵
- 간장 2큰술
- 식초 2큰술
- 소금 1/4작은술
- 후춧가루 약간

드레싱 만들기

1. 홍고추, 청고추는 각각 잘게 다져 준비한다.
2. 드레싱 용기에 1의 재료를 넣고, 다진 양파, 다진 마늘, 고추기름, 샐러드유, 간장, 식초, 소금, 후춧가루를 넣는다.
3. 모든 재료를 골고루 잘 섞어 완성한다.

> **코멘트** 고추기름은 보통 시판되는 것을 사용하나 마른 팬에 고춧가루와 식용유를 1 : 3 비율로 넣고 약한 불에서 서서히 볶아 면보자기에 걸러 사용해도 좋다. 이때 한 번 가열한 기름은 산패되기 쉬우므로 냉장 보관하고 가능한 한 빠른 시일 내에 사용하도록 한다.

매콤한
맛이 나는
드레싱

핫소스 드레싱
Hot sauce dressing

Information

맛	0	20	40	60	80	100%
단맛						
신맛	▔▔					
짠맛	▔▔					
매운맛	▔▔▔					
고소한맛						

재료

핫소스 2큰술
양파 30g
셀러리 30g(1/2대)
올리브 3개
엑스트라 버진 올리브유 1/2컵
마늘 1쪽
우스터소스 1큰술
식초 1큰술
레몬 1/4개
소금 1/2작은술
후춧가루 약간

드레싱 만들기

1. 레몬은 즙으로 만든다.
2. 양파와 셀러리, 올리브, 마늘은 각각 곱게 다져 준비한다.
3. 드레싱 용기에 2의 재료를 넣고, 올리브유, 핫소스, 우스터소스, 식초, 레몬즙, 소금, 후춧가루를 넣는다.
4. 모든 재료들이 고루 섞이도록 잘 저어 완성한다.

> **코멘트** 핫소스는 고추를 재료로 만든 매운맛 소스로 타바스코(tabasco) 소스가 가장 유명한 상표이다. 고추를 갈아 소금으로 양념하여 참나무통에서 3년 이상 숙성시켜 식초를 섞어 완성한다.

매콤한 맛이 나는 드레싱

고추냉이 드레싱
Horseradish dressing

Information

맛	0	20	40	60	80	100%
단맛						
신맛	▬▬					
짠맛	▬▬▬					
매운맛	▬▬▬▬					
고소한맛	▬▬					

재료

고추냉이 간 것 1큰술

다시마 국물 1/2컵

간장 2큰술

식초 2큰술

레몬 1/4개

드레싱 만들기

1. 다시마 1조각(5×5cm)을 찬물 1/2컵에 30분 정도 담가 두었다가 한소끔 끓인 후 다시마를 건져낸다.
2. 고추냉이 간 것에 1의 다시마 국물, 간장, 식초를 넣고, 레몬은 즙을 짜서 넣는다.
3. 2의 재료들이 고루 섞이도록 잘 저어 완성한다.

코멘트 신선한 고추냉이를 직접 강판에 갈아서 사용하는 것이 가장 좋으나 구하기 어렵고 가격이 비싸므로 대용품으로 고추냉이를 갈아 튜브에 넣어 판매하는 것을 사용하면 간편하다. 시판되는 인스턴트 와사비는 물에 개어 간단히 사용할 수 있으나 인공 색소와 전분이 첨가된 제품으로 맛과 향이 떨어지는 것이 흠이다.

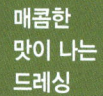
매콤한 맛이 나는 드레싱

고추장 드레싱
Red pepper paste dressing

Information

맛	0	20	40	60	80	100%
단 맛						
신 맛						
짠 맛						
매운맛						
고소한맛						

재료

- 고추장 4큰술
- 파 30g(1/4대)
- 마늘 15g(3쪽)
- 올리고당 2큰술
- 물 4큰술
- 식초 2큰술
- 볶은 통깨 1큰술
- 참기름 1큰술

드레싱 만들기

1. 파와 마늘은 각각 곱게 다져 준비한다.
2. 여기에 고추장, 올리고당, 물, 식초, 볶은 통깨, 참기름을 넣는다.
3. 모든 재료들이 고루 섞이도록 잘 저어 완성한다.

> **코멘트** 고추장은 한국의 핫소스라 할 수 있으며, 겨자, 와사비의 휘발성 매운맛과 달리 캡사이신이 함유되어 통각을 자극하는 매운 맛이 입 안에 오래 남는 것이 특징이다. 한국식 샐러드인 여러 나물 요리에 잘 어울린다.

Salad recipe

봄나물 샐러드
고추장 드레싱
126쪽

재료

달래 1단, 참나물 50g

샐러드 만들기

1. 달래는 뿌리의 둥근 부분에 있는 껍질과 지저분한 것을 제거하고 흐르는 물에 깨끗이 씻어 물기를 빼 놓는다.
2. 참나물은 누런 잎을 제거하고 먹기 좋은 길이로 잘라 준비한다.
3. 달래와 참나물을 접시에 보기 좋게 담는다.
4. 접시의 가장자리에 고추장 드레싱을 곁들여 낸다.

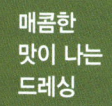
매콤한 맛이 나는 드레싱

고춧가루 간장 드레싱
Chili powder and soy sauce dressing

Information

맛	0	20	40	60	80	100%
단 맛						
신 맛						
짠 맛	━━━					
매운맛	━━					
고소한맛	━					

재료

고춧가루(중간 굵기) 2큰술
간장 4큰술
양파 80g(1/2개)
당근 80g(1/4개)
마늘 50g(10쪽)
샐러드유 1/2컵
볶은 통깨 1큰술

드레싱 만들기

1. 양파와 당근, 마늘은 각각 강판에 갈아 건더기와 즙을 함께 준비한다.
2. 드레싱 용기에 1의 갈아 놓은 재료와 샐러드유, 고춧가루, 간장, 볶은 통깨를 같이 넣는다.
3. 모든 재료들이 고루 섞이도록 잘 저어 드레싱을 완성한다.

> **코멘트** 시판되는 간장은 국간장, 양조간장, 진간장 세 종류가 있으며 샐러드드레싱용으로는 양조간장과 진간장이 적합하다. 6개월 이상을 발효, 숙성시킨 양조간장이 화학적 발효를 거쳐 빠르게 완성된 진간장보다 좀 더 깊은 맛이 난다.

| 매콤한 맛이 나는 드레싱 |

생강 드레싱
Ginger dressing

Information

맛	0	20	40	60	80	100%
단맛	■■					
신맛	■■■■					
짠맛	■■■					
매운맛	■■■■■■■■					
고소한맛						

재료

생강 30g
마늘 1쪽
레몬청 2큰술
샐러드유 1/2컵
식초 2큰술
소금 1/2작은술

드레싱 만들기

1. 생강은 껍질을 벗기고 얇게 저며썰기하여 물에 담가 매운맛을 뺀다.
2. 생강의 물기를 빼서 샐러드유 2큰술을 넣고 5분 정도 볶는다.
3. 위의 재료를 믹서에 넣고 마늘, 레몬청, 나머지 분량의 샐러드유, 식초, 소금을 넣고 곱게 갈아 완성한다.

> **코멘트** 생강에 함유된 진저롤(gingerol), 쇼가올(shogaol) 등의 매운맛 성분은 향균 작용과 더불어 종양 억제 효과가 있다. 샐러드드레싱용으로는 오래된 저장 생강보다 즙이 많은 햇생강을 사용하면 강하지 않은 매운맛을 즐길 수 있다.

매콤한 맛이 나는 드레싱

칠리소스 드레싱
Chili sauce dressing

Information

맛	0	20	40	60	80	100%
단맛						
신맛	━━━━					
짠맛	━━					
매운맛	━━━					
고소한맛						

재료

칠리소스 2큰술
양파 40g(1/4개)
피망 20g(1/4개)
파프리카 20g(1/5개)
마늘 5g(1쪽)
레몬 1/4개

엑스트라 버진 올리브유 1/2컵
식초 2큰술
소금 1/2작은술
핫소스 1큰술
후춧가루 약간

드레싱 만들기

1. 양파와 피망, 파프리카, 마늘은 각각 잘게 다져 준비한다.
2. 레몬은 즙을 짜서 준비한다.
3. 볼에 1의 재료와 칠리소스, 올리브유, 식초, 레몬즙, 소금, 핫소스, 후춧가루를 넣는다.
4. 모든 재료들이 골고루 섞이도록 잘 저어 완성한다.

> **코멘트** 칠리소스는 붉은 고추와 토마토를 주원료로 하여 보통은 매운맛이 나지만 원료에 따라 신맛과 단맛이 많이 나는 제품도 있다.

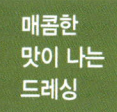

할라페뇨 드레싱

Jalapeno dressing

Information

맛	0	20	40	60	80	100%
단 맛						
신 맛						
짠 맛						
매운맛						
고소한맛						

재료

할라페뇨 피클 40g

홍피망 20g

양파 40g

마늘 5g

레몬 1/4개

엑스트라 버진 올리브유 1/2컵

소금 1/2작은술

후춧가루 약간

드레싱 만들기

1. 할라페뇨 피클은 곱게 다져 준비한다.
2. 홍피망, 양파, 마늘도 각각 곱게 다진다.
3. 레몬은 가운데 섬유질을 제거하고 즙을 짜 놓는다.
4. 볼에 1과 2를 담고 올리브유, 레몬즙, 소금, 후춧가루를 같이 넣은 후 잘 섞어 드레싱을 완성한다.

> **코멘트** 매운 고추의 대명사로 불리는 할라페뇨는 멕시코가 원산지로 청양고추보다 매운 맛이 강하다. 육질이 두껍고 노란색, 초록색을 띠며 보통은 피클로 접할 수 있다.

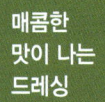

겨자 드레싱
Mustard dressing

Information

맛	0	20	40	60	80	100%
단맛						
신맛						
짠맛						
매운맛						
고소한맛						

재료

겨잣가루 4큰술(또는 연겨자 2큰술)

온수(40℃) 2큰술

설탕 4큰술

소금 1/2작은술

식초 4큰술

간장 1작은술

물 4큰술

다진 마늘 1작은술

드레싱 만들기

1. 겨잣가루는 작은 그릇에 담아 40℃ 정도의 온수를 넣고 부드럽게 갠 후 겨자를 그릇 안쪽에 발라 그릇째 엎어놓고 매운맛이 나도록 10분 정도 숙성시킨다.

2. 1의 겨자가 매운맛이 나면 여기에 설탕, 소금을 먼저 넣고 잘 개어 겨자의 멍울을 풀어 준다.

3. 2에 식초, 간장, 물, 다진 마늘을 조금씩 넣어가며 멍울을 마저 풀어 드레싱을 완성한다.

> **코멘트** 겨자에 함유된 시니그린(sinigrin)이라는 매운맛 성분은 40℃ 정도에서 활성화되므로 따뜻한 물에 개어 숙성시킨 후 사용하도록 한다.

Salad recipe

겨자 샐러드

겨자 드레싱
138쪽

재료

소고기(우둔살) 100g, 달걀 2개, 양배추 1장, 오이 30g, 당근 30g, 사과 1/4개, 밤 2개, 잣 10g

샐러드 만들기

1. 소고기는 끓는 물에 넣고 삶은 후 면보자기로 감싸 식혀 편육을 만든 후 길이 4cm, 두께 0.3cm, 폭 1cm로 썰어 놓는다.
2. 달걀은 흰자와 노른자로 나누어 각각 소금 간을 하여 도톰하게 지단을 부친 후 소고기와 같은 크기로 썬다.
3. 양배추, 오이, 당근은 길이 4cm, 두께 0.3cm, 폭 1cm로 썰어 물에 담갔다 건져 싱싱하게 준비해 둔다.
4. 사과는 껍질을 벗기고 3의 재료와 같은 크기로 썬다.
5. 밤은 둥근 모양을 그대로 살려 0.3cm 두께로 납작하게 썬다.
6. 준비된 재료들을 체에 밭쳐 물기를 뺀 후 면보에 감싸 남은 물기를 제거한 다음 잣을 제외한 모든 재료를 한데 담고 겨자 드레싱을 넣어 골고루 버무린다. 마지막에 잣을 뿌려 낸다.

> 매콤한
> 맛이 나는
> 드레싱

후추 드레싱
Pepper dressing

Information

맛	0	20	40	60	80	100%
단맛						
신맛	▰▰▰					
짠맛						
매운맛	▰▰					
고소한맛	▰▰▰					

재료

- 굵게 간 통후추 1/4컵
- 마늘 15g(3쪽)
- 레몬 1/4개
- 발사믹식초 1/4컵
- 엑스트라 버진 올리브유 1/2컵
- 소금 1/2작은술

드레싱 만들기

1. 통후추는 페퍼밀 또는 분쇄기를 이용하여 굵게 갈아 놓는다.
2. 마늘은 곱게 다져 놓는다.
3. 레몬은 즙을 짜 놓는다.
4. 볼에 1과 2를 넣고 발사믹식초, 올리브유, 레몬즙, 소금을 넣어 잘 섞어 완성한다.

> **코멘트** 후추는 원산지가 인도 남서부로 과거에는 화폐 대신 사용될 만큼 귀한 대접을 받았다. 고추보다 매운맛은 적지만 특유의 향을 지녀 적은 양으로도 풍부한 풍미를 준다.

매콤한 맛이 나는 드레싱

살사 드레싱
Salsa dressing

Information

맛	0	20	40	60	80	100%
단맛						
신맛						
짠맛						
매운맛						
고소한맛						

재료

통조림 복숭아 1쪽
통조림 파인애플 1쪽
사과 50g(1/4개)
토마토 100g(1개)
양파 80g(1/2개)
마늘 10g(2쪽)

청양고추 20g(2개)
파프리카 30g(1/4개)
엑스트라 버진 올리브유 4큰술
핫소스 1큰술
핫소스 1큰술
식초 2큰술

설탕 1큰술
소금 1작은술
후춧가루 약간
바질 1/2작은술
레몬 1/4개

드레싱 만들기

1. 통조림 복숭아, 통조림 파인애플은 각각 0.5cm 크기로 잘게 썬다.
2. 사과는 껍질째 1의 재료와 같은 크기로 썰고 토마토는 씨를 제거한 후 같은 크기로 썬다.
3. 양파, 마늘, 청양고추, 파프리카는 각각 잘게 다진다.
4. 볼에 준비한 재료를 모두 넣고 올리브유, 핫소스, 식초, 설탕, 소금, 후춧가루, 바질을 넣고 레몬즙을 짜 넣은 후 잘 섞어 마무리한다.

> **코멘트** 살사(salsa)는 스페인어로 '소스'라는 뜻이 있으며 1950~60년대 뉴욕으로 이주한 쿠바인과 푸에르토리코인들이 발전시킨 리듬 댄스를 말하기도 한다. 격렬하면서도 율동감 넘치는 춤이 마치 톡 쏘는 강렬한 소스의 맛을 연상시킨다.

매콤한 맛이 나는 드레싱

토마토 드레싱
Tomato dressing

Information

맛	0	20	40	60	80	100%
단 맛						
신 맛						
짠 맛						
매운맛						
고소한맛						

재료

토마토케첩 2큰술
토마토페이스트 2큰술
엑스트라 버진 올리브유 1/2컵
핫소스 2큰술
칠리소스 1큰술
머스터드 1큰술
소금 1/2작은술
후춧가루 약간

드레싱 만들기

1. 큰 볼에 토마토케첩, 토마토페이스트를 넣고 멍울이 없도록 잘 풀어 준다.
2. 여기에 올리브유, 핫소스, 칠리소스, 머스터드, 소금, 후춧가루를 넣는다.
3. 2의 재료가 완전히 섞일 때까지 잘 저어 완성한다.

> **코멘트** 토마토케첩은 토마토퓌레(토마토 농축액)에 설탕, 소금, 식초 등의 조미료와 향신료를 첨가하여 만든 가공품이고, 토마토페이스트는 토마토퓌레에 소금 등을 첨가하여 고농축시킨 것으로 토마토케첩에 비하여 농도가 진하다.

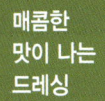
매콤한 맛이 나는 드레싱

매실청 겨자 드레싱

Japanese apricot and suger in a jar
and mustard dressing

Information

| 맛 | 0 | 20 | 40 | 60 | 80 | 100% |

- 단 맛
- 신 맛
- 짠 맛
- 매운맛
- 고소한맛

재료

매실청 2큰술   물 1큰술
겨잣가루 1큰술 식초 1큰술
온수(40℃) 1/2큰술 볶은 통깨 1작은술
마늘 5g(1쪽)   참기름 1작은술
소금 1/3작은술

드레싱 만들기

1. 겨잣가루는 작은 그릇에 담아 40℃ 온수 1/2큰술을 넣고 잘 갠 후 그릇째 엎어서 매운 맛이 잘 우러나도록 따뜻한 냄비뚜껑에 5분 정도 둔다.
2. 마늘은 곱게 다져 준비한다.
3. 1의 겨자가 충분히 매운맛이 나면 매실청, 다진 마늘, 소금을 넣고 겨자 덩어리를 잘 갠다.
4. 겨자가 완전히 풀리면 나머지 물 1큰술과 식초, 볶은 통깨, 참기름을 넣고 잘 저어 드레싱을 완성한다.

> 코멘트: 매실로 장아찌를 담을 때는 과육이 단단한 청매실이 좋고, 매실청을 만들 때는 충분히 익어 색이 노랗고 과육이 부드러운 황매실이 더 좋은 맛과 향을 낸다.

PART **4**

짭조름한 맛이 나는 드레싱

Dressing & Salad Recipe

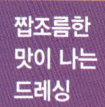
짭조름한 맛이 나는 드레싱

시저 드레싱
Caesar dressing

Information

맛	0	20	40	60	80	100%
단 맛						
신 맛	■■					
짠 맛	■■■■					
매운맛						
고소한맛	■■■					

재료

- 달걀노른자 2개
- 안초비 15g(3쪽)
- 마늘 1쪽
- 파르메산 치즈 가루 2작은술
- 우스터소스 1/2작은술
- 엑스트라 버진 올리브유 1/2컵
- 레몬주스 2큰술
- 식초 1.5큰술
- 소금 1/4작은술
- 후춧가루 약간

드레싱 만들기

1. 안초비와 마늘은 각각 곱게 다져 놓는다.
2. 믹싱볼에 달걀노른자를 넣고 파르메산 치즈 가루, 안초비, 마늘, 소금, 후춧가루를 넣어 거품기를 사용해 한 방향으로 잘 젓는다.
3. 2에 올리브유를 한 방울씩 넣고 계속 한 방향으로 저으면서 유화시킨다.
4. 농도가 되직해질 때마다 식초와 레몬주스를 넣고 농도를 조절해 가며 젓다가 마지막에 우스터소스를 넣고 마무리한다.

> **코멘트** 시저 드레싱은 시저 카르디니(Caesar Cardini, 1896~1956)에 의해 만들어진 시저 샐러드에 곁들이는 드레싱으로 달걀을 반숙하여 사용하는 것이 원칙이지만 여기에서는 좀 더 간편한 방법을 소개하였다. 안초비는 우리나라의 멸치에 해당되는 물고기를 염장하여 통조림으로 만들어 놓은 것으로 독특한 풍미가 있다.

Salad recipe

시저 샐러드

시저 드레싱
152쪽

재료

로메인상추 1포기, 식빵 1장, 파르메산 치즈 50g

샐러드 만들기

1. 로메인상추는 뿌리를 제거하고 한입 크기로 썰어 얼음물에 담가 싱싱해지면 건져 물기를 털어낸다.
2. 식빵은 사방 1cm 크기의 주사위 모양으로 썰어 약간의 올리브유를 두른 팬에 노릇하게 구워 크루통을 만든다.
3. 큰 볼에 1의 로메인상추를 담고 시저 드레싱을 넣어 살살 버무린다.
4. 접시에 3의 샐러드를 담고 2의 구워 놓은 크루통을 얹는다.
5. 필러를 사용해 파르메산 치즈를 얇게 썰어 샐러드 군데군데에 얹는다.

* 안초비는 드레싱에 섞지 않고 조금씩 뜯어 샐러드 위에 살짝 뿌려도 좋다.

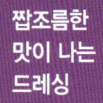
짭조름한
맛이 나는
드레싱

미소 드레싱
Japanese soybean paste dressing

Information

맛	0	20	40	60	80	100%

- 단 맛
- 신 맛
- 짠 맛
- 매운맛
- 고소한맛

재료

일본 된장 5큰술

간장 1큰술

식초 5큰술

맛술 5큰술

올리고당 5큰술

양파 간 것 5큰술

마늘 간 것 1큰술

볶은 통깨 1/2큰술

참기름 2큰술

드레싱 만들기

1. 양파는 강판에 갈아 준비한다.
2. 일본 된장을 볼에 넣고 간장, 식초, 맛술을 조금씩 넣어 멍울이 없도록 걸쭉하게 풀어 준다.
3. 볼에 올리고당, 양파 간 것, 마늘 간 것, 볶은 통깨, 참기름 등 나머지 재료들을 넣고 잘 섞어 완성한다.

> **코멘트** 미소(miso)는 일본어로 '된장'을 뜻한다. 일본 된장은 우리나라의 재래식 된장보다 염도가 낮아 맛이 순하고 부드러운 것이 특징으로 샐러드드레싱에 사용하기 적합하다.

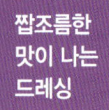
짭조름한 맛이 나는 드레싱

피시소스 파인 드레싱
Fish sauce pine dressing

Information

맛	0	20	40	60	80	100%

- 단맛
- 신맛
- 짠맛
- 매운맛
- 고소한맛

재료

청양고추 20g(2개)
다진 마늘 1큰술
다진 양파 2큰술
레몬주스 1큰술
파인애플주스 1/2컵
피시소스 2큰술

드레싱 만들기

1. 청양고추는 곱게 다져 준비한다.
2. 1의 재료에 다진 마늘, 다진 양파, 레몬주스, 파인애플주스, 피시소스를 분량대로 넣는다.
3. 모든 재료들이 골고루 섞이도록 잘 저어 완성한다.

코멘트 | 피시소스 파인 드레싱은 월남쌈 또는 태국식 쌀국수 샐러드인 얌운센 등에 잘 어울린다. 파인애플주스는 시판되는 주스를 사용하거나 통조림 파인애플을 통조림 국물과 함께 믹서에 갈아 사용하여도 좋다.

짭조름한 맛이 나는 드레싱

올리브 드레싱
Olive dressing

Information

맛	0	20	40	60	80	100%
단맛						
신맛		▓				
짠맛		▓				
매운맛	▓					
고소한맛	▓					

재료

올리브 50g	엑스트라 버진 올리브유 1/2컵
레몬 1/4개	파슬리 1줄기
피망 20g(1/4개)	식초 2큰술
양파 40g(1/4개)	소금 1/4작은술
마늘 5g(1쪽)	후춧가루 약간

드레싱 만들기

1. 레몬은 즙을 짜 놓는다.
2. 올리브는 씨를 제거하고 잘게 다져 놓는다.
3. 피망과 양파, 마늘, 파슬리도 각각 곱게 다진다.
4. 2와 3의 재료를 볼에 담고 올리브유, 식초, 레몬즙, 소금, 후춧가루를 넣어 잘 섞어 드레싱을 완성한다.

> **코멘트** 올리브(olive)는 올리브나무의 열매로 이탈리아, 스페인, 터키 등에서 많이 생산된다. 생올리브는 쓴맛이 강하지만 소금물에 절여 일정 기간 두면 쓴맛이 사라져 풍미가 살아나고 식감도 부드러워진다. 주로 통조림 또는 병조림 형태로 구입해서 사용할 수 있다.

| 짭조름한 맛이 나는 드레싱 |

데리야끼 드레싱
Teriyaki dressing

Information

맛	0	20	40	60	80	100%
단 맛						
신 맛						
짠 맛						
매운맛						
고소한맛						

재료

데리야끼 소스
└ 간장 2큰술, 설탕 2큰술, 청주 2큰술
마요네즈 4큰술
레몬즙 2큰술
머스터드 1작은술
후춧가루 약간

드레싱 만들기

1. 냄비에 분량의 간장, 설탕, 청주를 넣고 시럽 상태가 될 때까지 졸여 데리야끼 소스를 만든다.
2. 1의 데리야끼 소스를 완전히 식힌다.
3. 나머지 재료 마요네즈, 레몬즙, 머스터드, 후춧가루를 넣고 거품기로 잘 저어 풀어 준다.

> **코멘트** 데리야끼 소스는 일본 요리 중 장어구이, 닭꼬치구이와 같은 간장양념구이의 소스로 사용된다. 염도가 높아 보관 기간(3개월)이 길기 때문에 넉넉하게 만들어 놓고 사용하여도 좋다.

Salad recipe

구운 채소 샐러드

데리야끼 드레싱
162쪽

재료

표고버섯 4개, 가지 1/2개, 애호박 1/3개, 브로콜리 1/2개, 통마늘 30g, 통후추 1/3작은술, 올리브유 3큰술, 소금 약간

샐러드 만들기

1. 표고버섯은 밑동을 자르고 5cm 길이로 잘라 2~4등분 한다.
2. 가지와 호박은 한입 크기로 어슷하게 썬다.
3. 브로콜리는 끓는 물에 1분간 데친 후 찬물에 식혀 위의 재료와 같은 크기로 썬다.
4. 마늘은 큰 것은 반으로 자르고 작은 것은 그대로 사용한다.
5. 통후추는 칼 옆면으로 눌러 거칠게 으깨거나 페퍼밀을 사용하여 굵게 갈아 놓는다.
6. 팬을 달군 후 올리브유를 두르고 호박을 나란히 늘어놓고 익힌다.
7. 호박이 반쯤 익었을 때 가지, 표고버섯, 브로콜리, 마늘을 넣고 같이 구워 전체적으로 연한 갈색이 나도록 익힌다.
8. 여기에 통후추, 소금으로 가볍게 간을 한다.
9. 데리야끼 드레싱을 만들어 곁들인다.

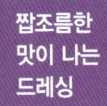
짭조름한 맛이 나는 드레싱

간장 드레싱
Soy dressing

Information

맛	0	20	40	60	80	100%
단 맛						
신 맛						
짠 맛						
매운맛						
고소한맛						

재료

간장 4큰술
다시마 국물 1/2컵
파 30g(1/4대)
마늘 15g(3쪽)
맛술 2큰술
볶은 통깨 1큰술
참기름 1큰술

드레싱 만들기

1. 냄비에 다시마 한 조각(5×5cm)을 물과 함께 넣고 30분 정도 불려 한소끔 끓인 후 다시마를 건져낸다.
2. 파, 마늘은 각각 곱게 다져 준비한다.
3. 1의 다시마 국물에 간장, 맛술, 다진 파, 다진 마늘, 볶은 통깨, 참기름을 넣고 잘 섞어 완성한다.

 다시마는 국물을 낼 때 오래 끓이면 끈적끈적한 물질이 우러나고 쓴맛이 날 수 있으므로 주의한다.

짭조름한 맛이 나는 드레싱

오리엔탈 드레싱
Oriental dressing

Information

맛	0	20	40	60	80	100%

- 단 맛
- 신 맛
- 짠 맛
- 매운맛
- 고소한맛

재료

엑스트라 버진 올리브유 1/2컵
간장 4큰술
식초 2큰술
레몬주스 2큰술
꿀 2큰술
다진 마늘 2작은술

이탈리안 시즈닝 2작은술
볶은 통깨 1큰술
후춧가루 약간

드레싱 만들기

1. 볼에 엑스트라 버진 올리브유, 간장, 식초, 레몬주스, 꿀을 분량대로 넣는다.
2. 여기에 다진 마늘, 볶은 통깨, 이탈리안 시즈닝, 후춧가루를 넣어 잘 섞어 완성한다.

코멘트
- 이탈리안 시즈닝(Italian seasoning)은 바질, 파슬리, 오레가노, 로즈마리, 타임 등 각종 허브가루가 골고루 섞여 있는 시즈닝으로 여러 가지 허브를 준비하기 어려울 때 편리하게 사용할 수 있다.
- '동양풍(oriental)'이라는 의미가 있는 오리엔탈 드레싱은 간장과 마늘이 들어가 한국인의 입맛에 잘 맞으며, 미리 만들어 두면 분리되기 쉬우므로 사용 직전에 잘 섞어 사용하는 것이 좋다.

Salad recipe

포케샐러드
오리엔탈 드레싱
168쪽

재료

참치회, 새우 등 해산물 200g(레몬즙, 후추), 양상추 50g, 로메인 양상추 50g, 오이 1/4개, 파프리카 30g, 방울토마토 100g, 블랙올리브 30g, 삶은 병아리콩 50g, 귀리현미밥 200g

샐러드 만들기

1. 참치는 회로 준비해 해동하여 물기를 닦고 사방 2cm 크기의 정육면체로 썬다.
2. 새우는 삶아 껍질을 벗겨 레몬즙, 후추로 간한다.
3. 양상추와 로메인 양상추는 한입 크기로 썰어 찬물에 담갔다 건져 물기를 빼서 싱싱하게 준비한다.
4. 오이는 둥글고 얇게 썰고 파프리카는 사방 1cm 크기로 네모나게 썬다.
5. 방울토마토는 반으로 자르고 블랙올리브는 둥글게 2~3등분한다.
6. 병아리콩은 불린 것을 냄비에 담고 콩이 잠길 만큼의 물을 부어 15분간 삶는다.
7. 준비된 재료들을 귀리현미밥과 함께 샐러드 볼에 보기 좋게 담는다.
8. 오리엔탈 드레싱을 곁들여 낸다.

코멘트 포케(poke)는 하와이안식 샐러드로 재료를 정육면체 조각으로 자르는 모양을 의미하며 전통 하와이식 참치회 무침에 여러 가지 재료를 섞어 만드는 퓨전식 샐러드로 발전하여 미국에서 인기를 얻게 되었으며 최근 전 세계적으로 유행하고 있다.

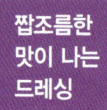

짭조름한 맛이 나는 드레싱

굴소스 드레싱
Oyster sauce dressing

Information

맛	0	20	40	60	80	100%
단 맛						
신 맛						
짠 맛						
매운맛						
고소한맛						

재료

- 굴소스 2큰술
- 레몬 1/4개
- 파 30g(1/4대)
- 마늘 15g(3쪽)
- 샐러드유 1/2컵
- 설탕 1큰술
- 식초 1큰술
- 후춧가루 약간

드레싱 만들기

1. 레몬은 즙을 내고, 파와 마늘은 각각 곱게 다져 준비한다.
2. 볼에 파와 마늘을 넣고 분량의 샐러드유, 굴소스, 설탕, 식초, 레몬즙, 후춧가루를 넣는다.
3. 모든 재료들이 잘 섞이도록 충분히 저어 드레싱을 완성한다.

> **코멘트** 굴소스는 굴에 소금을 넣어 발효시킨 국물에 전분, 감미료 등을 섞어 만든다. 중국 요리에서 빠뜨릴 수 없는 필수 소스로 맛과 향이 독특하고 짠맛이 강하지만 적당량 사용하면 요리에 풍미를 더해 준다.

Salad recipe

중국식 치킨 샐러드

굴소스 드레싱
172쪽

재료

닭 1/2마리(1kg), 닭고기 밑간 양념(청주 1큰술, 간장 1큰술, 생강즙 1큰술), 밀가루 1/2컵, 달걀 1개, 빵가루 1컵, 식용유, 꽃상추 8장, 토마토 2개, 홍고추 1개, 새싹채소 20g

샐러드 만들기

1. 닭고기는 살만 발라내 넓게 펴서 잔칼집을 넣는다.
2. 1의 닭고기살에 분량의 청주, 간장, 생강즙으로 밑간을 한다.
3. 2의 닭고기살은 밀가루, 달걀, 빵가루의 순으로 묻혀 170℃ 정도의 기름에 황금색이 나도록 튀겨 낸다.
4. 꽃상추는 한입 크기로 뜯어 새싹채소와 함께 얼음물에 담가 놓는다.
5. 토마토는 링 모양으로 얇게 썰어 놓는다.
6. 접시에 토마토를 깔고 그 위에 물기 제거한 꽃상추를 올린 후 튀겨 놓은 닭고기살을 한입 크기로 썰어 놓는다.
7. 굴소스 드레싱을 만들어 6에 골고루 끼얹은 후 다진 홍고추를 뿌리고 새싹채소로 장식한다.

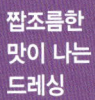

짭조름한 맛이 나는 드레싱

날치알 드레싱
Flying fish roe dressing

Information

맛	0	20	40	60	80	100%

- 단 맛
- 신 맛
- 짠 맛
- 매운맛
- 고소한맛

재료

- 날치알 50g
- 청주 2큰술
- 마늘 8g
- 마요네즈 1/2컵
- 핫소스 1큰술
- 레몬주스 1큰술
- 후춧가루 약간

드레싱 만들기

1. 날치알은 청주에 담가 해동한 후 물기를 빼 놓는다.
2. 마늘은 곱게 다져 놓는다.
3. 볼에 날치알과 다진 마늘을 넣고 마요네즈, 핫소스, 레몬주스, 후춧가루를 넣은 다음 잘 섞어 완성한다.

 날치알은 해동과 재냉동을 반복하면 수분이 빠져나가 맛과 질감이 떨어지므로 냉동 날치알을 대용량으로 구입한 경우 봉지째 칼로 등분해 필요한 만큼만 해동하여 쓰고 나머지는 녹기 전에 바로 냉동 보관하는 것이 좋다.

짭조름한 맛이 나는 드레싱

액젓 드레싱
Korean fish sauce dressing

Information

맛	0	20	40	60	80	100%
단맛	■					
신맛	■					
짠맛	■■■■					
매운맛	■					
고소한맛	■■					

재료

까나리액젓 1큰술
청양고추 10g(1개)
다진 마늘 1큰술
생강즙 1큰술
샐러드유 1/2컵
설탕 1큰술
식초 1큰술
레몬 1/4개
후춧가루 약간

드레싱 만들기

1. 청양고추는 곱게 다져 준비한다.
2. 레몬은 즙을 짜서 준비한다.
3. 볼에 1과 2를 섞어 놓고 여기에 분량의 샐러드유, 다진 마늘, 생강즙, 까나리액젓, 설탕, 식초, 후춧가루를 넣고 섞어 완성한다.

코멘트 까나리액젓은 멸치액젓에 비해 비린내가 덜 나고 맛이 깔끔하지만 감칠맛은 덜하다. 까나리는 우리나라의 서해 바다에서 많이 잡히는 어종으로 이 지역에서는 까나리액젓이 김치뿐만 아니라 거의 모든 음식의 간을 맞추는 데 사용되고 있다.

> 짭조름한
> 맛이 나는
> 드레싱

새우젓 드레싱
Salted shrimp dressing

Information

맛	0	20	40	60	80	100%
단맛						
신맛						
짠맛						
매운맛						
고소한맛						

재료

새우젓 2큰술
다시마 국물 1/2컵
파 30g(1/4대)
마늘 15g(3쪽)
생강 15g

후춧가루 약간
고춧가루 1/2작은술
깨소금 1작은술
참기름 1작은술

드레싱 만들기

1. 냄비에 다시마 한 조각(5×5cm)을 물과 함께 넣고 30분 정도 불려 한소끔 끓인 후 다시마를 건져낸다.
2. 파와 마늘은 각각 곱게 다지고, 생강은 강판에 갈아 즙을 내어 준비한다.
3. 1의 다시마 국물에 2의 파, 마늘, 생강즙을 넣고 새우젓, 후춧가루, 고춧가루, 깨소금, 참기름을 넣은 후 잘 섞어 완성한다.

 새우젓은 음력 6월에 잡히는 새우가 살이 가장 통통하게 올라 맛이 좋으며 이때 잡은 새우로 담근 새우젓을 육젓이라고 하며 새우젓 중에서 가격이 가장 비싸지만 품질 또한 매우 좋다.

> 짭조름한
> 맛이 나는
> 드레싱

무즙 폰즈 드레싱

Grind white radish
ponzu sauce dressing

Information

맛	0	20	40	60	80	100%
단맛	▮					
신맛	▮▮▮					
짠맛	▮▮▮					
매운맛	▮					
고소한맛	▮					

재료

무 100g
고운 고춧가루 1/2작은술
레몬 1/4개
실파 1줄기
다시마 국물 1/2컵
간장 2큰술
식초 2큰술

드레싱 만들기

1. 무는 껍질을 제거하고 강판에 갈아서 고운 체에 밭치고 물에 헹구어 매운맛을 없애 물기를 살짝 짜서 준비한 후 고운 고춧가루로 붉게 물을 들인다.
2. 레몬은 즙을 내고, 실파는 잘게 다져 준비한다.
3. 드레싱 용기에 1과 2, 다시마 국물, 간장, 식초를 넣고 잘 섞어 드레싱을 완성한다.

> **코멘트** 폰즈(ponzu)는 단맛이 나지 않는 일본식 초간장을 말하며 레몬즙이 섞여 깔끔하고 상쾌한 맛이 난다. 삶은 문어 또는 날해삼, 해초류 등을 사용하여 만든 일본식 초회 샐러드에 잘 어울린다.

Salad recipe

일본식 문어 샐러드

무즙 폰즈 드레싱
182쪽

재료

문어 300g, 녹차잎 1작은술, 소금, 청주 약간씩, 오이 1/2개, 불린 미역 100g, 무순 10g

샐러드 만들기

1. 문어는 끓는 물에 녹차잎, 소금, 청주와 함께 넣고 삶아 그대로 식힌다.
2. 문어가 식으면 건져 한입 크기로 얇게 포를 뜬다.
3. 오이는 0.1cm 간격으로 어슷하게 절반 깊이까지 잔칼집을 넣은 후 다시 뒤집어 같은 방향으로 칼집을 넣고 소금물에 절인 다음 2cm 길이로 자른다.
4. 미역은 끓는 물에 소금을 넣고 데쳐 식힌 후 돌돌 말아 2cm 길이로 자른다.
5. 그릇에 오이와 미역, 무순, 문어를 보기 좋게 담는다.
6. 무즙 폰즈 드레싱을 만들어 5의 샐러드에 뿌린다.

* 드레싱 재료인 무즙, 실파, 레몬 조각을 샐러드 드레싱에 섞지 않고 샐러드 옆에 곁들여 담으면 더욱 예쁘게 연출할 수 있다.

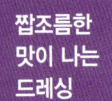

짭조름한 맛이 나는 드레싱

명란젓 드레싱
Salted pollack roe dressing

Information

| 맛 | 0 | 20 | 40 | 60 | 80 | 100% |

- 단 맛
- 신 맛
- 짠 맛
- 매운맛
- 고소한맛

재료

- 명란젓 50g
- 마늘 8g
- 풋고추 20g
- 청주 1큰술
- 샐러드유 1/2컵
- 참기름 1큰술
- 식초 2큰술
- 레몬주스 1큰술
- 후춧가루 약간

드레싱 만들기

1. 명란젓은 얇은 막을 벗겨내고 알만 발라 준비한다.
2. 마늘과 풋고추는 곱게 다져 준비한다.
3. 볼에 명란젓, 다진 마늘, 다진 풋고추를 담고 청주, 샐러드유, 참기름, 식초, 레몬주스, 후춧가루를 같이 넣는다.
4. 거품기를 사용하여 명란젓이 고루 풀릴 때까지 저어 드레싱을 완성한다.

 명란젓은 명태의 알을 염장 처리한 것으로 붉은 빛이 진하게 도는 경우 아질산 나트륨을 사용한 예가 많다. 양념이 진하지 않은 백명란을 사용하면 명란 본연의 맛을 살릴 뿐 아니라 소금 이외의 화학적 첨가물을 사용하지 않아 보다 안심할 수 있다.

짭조름한 맛이 나는 드레싱

청양고추 간장마요 드레싱
Korean hot chilli soy mayo dressing

Information

맛	0	20	40	60	80	100%
단 맛						
신 맛	▓					
짠 맛	▓▓					
매운맛	▓▓▓					
고소한맛	▓▓▓					

재료

청양고추 20g(2개)

마늘 15g(3쪽)

마요네즈 1/2컵

간장 2큰술

드레싱 만들기

1. 마늘은 곱게 다진다.
2. 청양고추는 1의 마늘과 마찬가지로 충분히 다져 준비한다.
3. 마요네즈에 분량의 간장, 마늘, 청양고추를 넣고 잘 섞어 드레싱을 완성한다.

> **코멘트** 청양고추 간장마요 드레싱은 청양고추의 알싸한 매운맛과 마요네즈의 크림처럼 부드러운 질감, 간장의 짭조름한 맛과 향이 조화를 이루는 드레싱으로 어느 샐러드에나 잘 어울린다. 오징어, 쥐치포, 황태포 등에 곁들이는 소스로 활용해도 좋다.

PART 5

고소한 맛이 나는 드레싱

Dressing & Salad Recipe

고소한 맛이 나는 드레싱

참기름 드레싱
Sesame oil dressing

192

Information

| 맛 | 0 | 20 | 40 | 60 | 80 | 100% |

- 단 맛
- 신 맛
- 짠 맛
- 매운맛
- 고소한맛

재료

참기름 1/4컵

레몬 1/4개

샐러드유 1/4컵

간장 2큰술

식초 2큰술

마늘 15g(3쪽)

소금 1/2작은술

후춧가루 약간

드레싱 만들기

1. 마늘은 잘게 다지고, 레몬은 즙을 내어 준비한다.
2. 참기름, 샐러드유, 간장, 식초, 레몬즙, 마늘, 소금, 후춧가루를 드레싱 용기에 담는다.
3. 위의 재료들이 고루 섞이도록 잘 저어 완성한다.

 우리나라 음식에 빠지지 않고 사용되는 참기름은 불포화 지방산이 많아 산패되기 쉬우나 천연 항산화 물질인 세사몰(sesamol)이 함유되어 있어 산패를 방지해 주는 역할을 한다.

Salad recipe

스테이크 샐러드

참기름 드레싱
192쪽

재료

소고기 등심(스테이크용) 200g, 로메인상추 1포기, 라디치오 2장, 오렌지 1개, 양송이버섯 4개, 새싹채소 10g, 올리브유 약간, 소금, 후춧가루 약간씩

샐러드 만들기

1. 스테이크용 등심은 두께 1.5cm 정도로 썰어 너무 두껍지 않게 준비하고 키친타월로 핏기를 제거해 둔다.
2. 팬을 뜨겁게 달군 후 올리브유를 두르고 위의 등심을 굽다가 소금, 후춧가루로 간을 한다.
3. 고기는 완전히 익힌 웰던(well-done) 상태로 구워 낸다.
4. 구워진 고기는 식은 후 한입 크기로 썬다.
5. 로메인상추와 라디치오는 먹기 좋은 크기로 썰어 찬물에 담갔다 건져 물기를 제거해 놓는다.
6. 오렌지는 껍질을 벗기고 속껍질 부분도 칼로 저며낸 후 오렌지 알 사이에 칼집을 넣어가며 속살을 발라낸다.
7. 양송이버섯은 싱싱한 것으로 준비해 얇게 슬라이스한다.
8. 준비된 채소와 오렌지, 양송이버섯을 접시에 보기 좋게 담고 위에 스테이크를 올린 후 새싹채소로 장식한다.
9. 참기름 드레싱을 샐러드 위에 끼얹어 낸다.

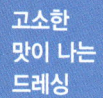
고소한 맛이 나는 드레싱

들깨 드레싱
Perilla seeds dressing

Information

| 맛 | 0 | 20 | 40 | 60 | 80 | 100% |

- 단 맛
- 신 맛
- 짠 맛
- 매운맛
- 고소한맛

재료

들깻가루(껍질 벗긴 것) 40g(1/4컵)
샐러드유 1/4컵
마요네즈 1/4컵
올리고당 2큰술
식초 2큰술
마늘 8g
소금 1/2작은술
후춧가루 약간

드레싱 만들기

1. 마늘은 곱게 다져서 준비한다.
2. 볼에 들깻가루, 샐러드유, 마요네즈, 올리고당, 식초, 다진 마늘, 소금, 후춧가루를 넣는다.
3. 모든 재료들이 골고루 섞이도록 잘 저어 완성한다.

코멘트 들깨는 필수 지방산이 풍부한 영양 식품이지만 식물성 기름 중에서도 특히 산패되기 쉬우므로 가급적 공기와 접촉하지 않게 밀봉하여 냉장 보관한다.

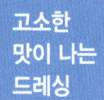
고소한 맛이 나는 드레싱

땅콩버터 드레싱
Peanut butter dressing

Information

| 맛 | 0 | 20 | 40 | 60 | 80 | 100% |

- 단맛
- 신맛
- 짠맛
- 매운맛
- 고소한맛

재료

땅콩버터(크림형) 2큰술
엑스트라 버진 올리브유 1/4컵
마요네즈 1/4컵
머스터드 1큰술
마늘 2쪽
식초 1큰술
설탕 1큰술
소금 1/2작은술
후춧가루 약간

드레싱 만들기

1. 믹서에 땅콩버터, 올리브유, 마요네즈, 머스터드, 마늘, 식초, 설탕, 소금, 후춧가루를 분량대로 넣는다.
2. 모든 재료들이 고루 섞이도록 충분히 갈아 완성한다.

> **코멘트** 땅콩버터 드레싱은 진하고 고소할 뿐 아니라 질감이 부드러워 샐러드드레싱 외에 샌드위치 스프레드로 사용할 수 있다. 땅콩버터는 씹히는 알갱이 없이 입자가 부드러운 크림형을 사용한다.

| 고소한 |
| 맛이 나는 |
| 드레싱 |

땅콩 요구르트 드레싱
Nut yogurt dressing

Information

맛	0	20	40	60	80	100%
단맛	██					
신맛	███					
짠맛	███					
매운맛						
고소한맛	████████					

재료

- 볶은 땅콩 50g(1/4컵)
- 엑스트라 버진 올리브유 1/2컵
- 식초 2큰술
- 레몬주스 1큰술
- 플레인 요구르트 1/2컵
- 소금 1/2작은술
- 후춧가루 약간

드레싱 만들기

1. 볶은 땅콩은 껍질을 벗기고 180℃ 오븐에서 10분간 더 구워 고소한 맛을 한층 살려 준다(또는 프라이팬에 5분 정도 볶는다).
2. 위의 땅콩을 충분히 식힌 후 믹서에 넣는다.
3. 마지막에 분량의 올리브유, 식초, 레몬주스, 플레인 요구르트, 소금, 후추를 넣고 곱게 갈아 완성한다.

> **코멘트** 땅콩은 콩과에 속하며 단백질뿐만 아니라 필수 지방산이 풍부한 건강식품이다. 꽃이 땅속으로 파고들어 가 열매를 맺기 때문에 낙화생(落花生)이라고도 한다.

고소한 맛이 나는 드레싱

생크림 드레싱
fresh cream dressing

Information

맛	0	20	40	60	80	100%
단맛						
신맛						
짠맛						
매운맛						
고소한맛						

재료

생크림 1/2컵

연유 4큰술

소금 1/2작은술

레몬 1/4개

식초 2큰술

다진 마늘 1작은술

드레싱 만들기

1. 레몬은 즙을 내어 둔다.
2. 믹싱볼에 생크림을 넣고 거품기를 한 방향으로 저어 빳빳하게 거품을 내어 준비한다.
3. 2에 연유를 넣고 다시 한 번 거품을 낸다.
4. 마지막에 소금, 레몬즙, 식초, 다진 마늘을 넣고 잘 섞어 완성한다.

 생크림은 우유의 유지방을 분리해서 만든 것으로 우리나라에서 시판되는 생크림은 보통 유지방의 함량이 30% 이상으로 보통은 휘핑(whipping)하여 생크림 케이크의 장식으로 사용된다.

Salad recipe

콘 샐러드

생크림 드레싱
202쪽

재료

옥수수 통조림 1캔, 셀러리 1/4대, 양파 1/4개, 파프리카 1/4개, 크랜베리 50g

샐러드 만들기

1. 통조림 옥수수는 체에 밭쳐 물기를 빼 놓는다.
2. 셀러리는 섬유질을 벗겨 낸 후 옥수수알 크기로 썬다.
3. 양파와 파프리카는 잘게 다져 놓는다.
4. 크랜베리는 작은 것은 그대로 사용하고 큰 것은 반으로 자른다.
5. 볼에 1~4를 모두 담는다.
6. 5의 볼에 생크림 드레싱을 넣고 살살 버무려 그릇에 담아낸다.

고소한 맛이 나는 드레싱

일본식 참깨 드레싱
Japanese sesame dressing

Information

맛	0	20	40	60	80	100%
단 맛						
신 맛						
짠 맛						
매운맛						
고소한맛						

재료

다시마 국물 1/2컵

참깨 3큰술

일본 된장 1큰술

땅콩버터 1큰술

마늘 10g(2쪽)

간장 1/2큰술

소금 1작은술

드레싱 만들기

1. 냄비에 다시마 한 조각(5×5cm)을 물과 함께 넣고 30분 정도 불린 후 한소끔 끓여 다시마를 건져내 다시마 국물을 만든다.
2. 믹서에 위의 다시마 국물과 참깨, 일본 된장, 땅콩버터, 마늘, 간장, 소금을 넣는다.
3. 참깨가 완전히 갈아질 때까지 곱게 갈아 완성한다.

 일본식 참깨 드레싱은 원래 일본식 전골요리인 샤브샤브에 고기를 찍어먹는 소스로 사용되나 특유의 고소하고 진한 맛으로 각종 샐러드의 드레싱으로 활용하기에 적합하다.

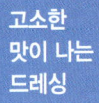
고소한 맛이 나는 드레싱

코코넛 밀크 드레싱
Coconut milk dressing

Information

맛	0	20	40	60	80	100%
단 맛						
신 맛						
짠 맛						
매운맛						
고소한맛						

재료

코코넛 밀크 1/2컵
생강 15g
레몬 1/4개
엑스트라 버진 올리브유 1/2컵
식초 2큰술
설탕 2큰술
소금 1/2작은술
후춧가루 약간

드레싱 만들기

1. 레몬은 즙을 짜 놓고, 생강은 강판에 갈아 즙을 짜서 준비한다.
2. 볼에 코코넛 밀크, 올리브유, 식초, 설탕, 레몬즙, 생강즙, 소금, 후춧가루를 넣는다.
3. 서로 분리되지 않도록 거품기를 사용해 한 방향으로 잘 저어 드레싱을 완성한다.

> **코멘트** 코코넛 밀크는 코코넛 열매의 과육에서 추출한 진액으로 향이 달콤하여 코코넛의 원산지인 동남아에서는 물 대신 요리의 재료로 많이 사용되고 있다.

| 고소한 맛이 나는 드레싱 |

구운 양파 드레싱
Grilled onion dressing

Information

맛	0	20	40	60	80	100%
단 맛						
신 맛						
짠 맛						
매운맛						
고소한맛						

재료

- 양파 160g(1개)
- 올리브유 1/2컵
- 마늘 5g(1쪽)
- 발사믹식초 2큰술
- 소금 1/2작은술
- 후춧가루 약간
- 레몬 1/4개

드레싱 만들기

1. 양파는 채를 썰어 팬에 올리브유 2큰술을 넣고 갈색이 나도록 굽는다.
2. 위의 양파가 구워지면 식힌 후 믹서에 넣는다.
3. 여기에 남은 올리브유, 마늘, 발사믹식초, 소금, 후춧가루를 넣고 레몬즙을 짜 넣은 후 곱게 갈아 완성한다.

> **코멘트** 양파 속에 함유된 펙틴(pectin) 성분은 콜레스테롤을 분해하는 효과가 있어 기름진 음식과 섭취하면 좋으나 매운맛과 진한 냄새 때문에 생으로 먹기 부담스러울 수 있다. 양파를 구워 사용하면 매운맛과 냄새를 잡아줄 뿐 아니라 더욱 풍부하고 깊은 맛과 향을 즐길 수 있다.

고소한
맛이 나는
드레싱

크림치즈 드레싱
Cream cheese dressing

Information

| 맛 | 0 | 20 | 40 | 60 | 80 | 100% |

- 단 맛
- 신 맛
- 짠 맛
- 매운맛
- 고소한맛

재료

크림치즈 100g
양파 40g(1/4개)
마늘 5g(1쪽)
생크림 1/2컵
레몬 1/4개

엑스트라 버진 올리브유 1/2컵
식초 2큰술
설탕 1큰술
소금 1/2작은술
후춧가루 약간

드레싱 만들기

1. 레몬은 즙을 내어 준비한다.
2. 양파는 믹서에 갈기 쉽도록 잘게 썰어 준비한다.
3. 믹서에 양파, 크림치즈, 올리브유, 생크림, 마늘, 레몬즙, 식초, 설탕, 소금, 후춧가루를 넣는다.
4. 모든 재료들이 골고루 섞이도록 충분히 갈아 완성한다.

코멘트 크림이 첨가된 우유를 원료로 한 크림치즈는 일반 치즈와 달리 숙성시키지 않아 발효취는 덜하나 질감이 부드러워 샌드위치 스프레드로 많이 활용된다.

Salad recipe

리코타 치즈 샐러드
크림치즈 드레싱
212쪽

재료

리코타 치즈 150g, 양상추 1/4통, 치커리 20g, 새싹채소 20g, 토마토 1개, 양파 1/4개, 블루베리 50g

리코타 치즈 재료

우유 1리터, 생크림 500mL, 레몬주스 5큰술, 소금 2작은술

샐러드 만들기

1. 냄비에 분량의 우유와 생크림을 넣고 약한 불에서 넘치지 않게 끓인다.
2. 여기에 레몬주스와 소금을 넣고 약한 불에서 멍울이 생길 때까지 끓인다.
3. 몽글몽글한 덩어리가 생기면 면보자기에 받쳐 물기를 제거한다. 무거운 것으로 살짝 눌러 물기를 빼 리코타 치즈를 완성한다.
4. 양상추와 치커리, 새싹채소는 한입 크기로 뜯어 찬물에 담가 싱싱하게 준비한다.
5. 토마토는 열십자로 칼집을 넣고 끓는 물에 살짝 데쳐 껍질을 벗긴 후 한입 크기로 썬다.
6. 양파는 결 반대로 썰어 물에 담가 매운맛을 없앤다.
7. 준비된 채소는 물기를 제거하고 샐러드 볼에 보기 좋게 담는다.
8. 7에 리코타 치즈를 한입 크기로 떠서 군데군데 올리고 블루베리를 얹는다.
9. 크림치즈 드레싱을 만들어 샐러드에 끼얹는다.

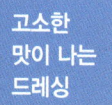

고소한 맛이 나는 드레싱

병아리콩 드레싱

Chick peas dressing

Information

맛	0	20	40	60	80	100%
단맛						
신맛	▮					
짠맛						
매운맛						
고소한맛	▮▮▮▮▮▮▮▮▮▮					

재료

병아리콩 4큰술(삶으면 1/2컵)
병아리콩 삶은 물 1/2컵
볶은 통깨 1큰술
엑스트라 버진 올리브유 1/2컵
레몬주스 2큰술
마늘 2쪽
소금 1작은술

드레싱 만들기

1. 병아리콩은 적당히(여름 5시간, 겨울 8시간) 불린 후 콩이 잠길만큼 물을 붓고 끓으면 10분 정도 더 삶아 식혀 물기를 제거해 놓는다.
2. 믹서에 병아리콩과 병아리콩 삶은 물을 넣고 볶은 통깨, 올리브유, 레몬주스, 마늘, 소금을 넣는다.
3. 콩과 깨의 알갱이가 보이지 않을 때까지 충분히 갈아 완성한다.

 병아리콩은 생김새가 병아리와 비슷하여 붙여진 이름이며 이집트콩이라고도 한다. 삶은 병아리콩을 갈아 페이스트 상태로 만든 훔무스(Hummus)는 중동 지역에서 즐겨 먹는 대표적인 건강식이다.

고소한 맛이 나는 드레싱

두부 흑임자 드레싱

Bean curd and
black sesame dressing

Information

| 맛 | 0 | 20 | 40 | 60 | 80 | 100% |

- 단 맛
- 신 맛
- 짠 맛
- 매운맛
- 고소한맛

재료

두부 200g
볶은 흑임자 2큰술
양파 40g(1/4개)
엑스트라 버진 올리브유 1/2컵
생크림 1/4컵
올리고당 2큰술
소금 1/2작은술

드레싱 만들기

1. 두부는 믹서에 갈기 쉽도록 적당한 크기로 썰어 준비한다.
2. 양파는 1의 두부와 비슷한 크기로 썰어 놓는다.
3. 믹서에 위의 두부와 양파를 넣고, 올리브유, 생크림, 올리고당, 소금을 넣어 곱게 간다.
4. 마지막에 볶은 흑임자를 넣고 잘 섞어 완성한다.

> **코멘트** 건강과 장수의 식품으로 불리는 흑임자(검은깨)는 항산화 물질이 풍부하여 DNA를 활성화해 치매와 암 예방에도 효과적인 식품으로 알려져 있다.

| 고소한 맛이 나는 드레싱 |

잣 드레싱
Pine nut dressing

Information

맛	0	20	40	60	80	100%
단 맛						
신 맛						
짠 맛						
매운맛						
고소한맛						

재료

잣 50g
육수 5큰술
소금 2/3작은술
설탕 2큰술
식초 2큰술
발효 겨자 1작은술
참기름 1작은술
후춧가루 약간

드레싱 만들기

1. 잣은 고깔을 떼고 키친타월에 문질러 기름기를 닦아 낸다.
2. 믹서에 위의 잣을 넣고 육수, 소금, 설탕, 식초, 발효 겨자, 참기름, 후춧가루를 넣는다.
3. 잣 알갱이가 곱게 될 때까지 충분히 갈아 완성한다.

> **코멘트** 잣은 견과류 중에서도 가장 가격이 비싼 고급 견과류로 단단한 껍질을 벗긴 알맹이를 실백이라고 부른다. 소나무과에 속하는 상록 교목의 열매로 나무 높이가 30~40미터에 달해 채취하는 데 고도의 기술과 위험이 따르므로 귀한 식재료로 꼽힌다.

고소한
맛이 나는
드레싱

들깨 땅콩버터 드레싱
Perilla seeds peanut butter dressing

Information

맛	0	20	40	60	80	100%

- 단맛
- 신맛
- 짠맛
- 매운맛
- 고소한맛

재료

- 볶은 들깨 1/2컵
- 땅콩버터 1/2컵
- 다시마 국물 1.5컵
- 간장 2큰술
- 청주 2큰술
- 마늘 1쪽
- 설탕 1큰술

드레싱 만들기

1. 냄비에 다시마 1조각(5×5cm)과 물 1.5컵을 넣고 30분 정도 우린 후 살짝 끓여 다시마물을 만든다.
2. 믹서에 땅콩버터, 볶은 들깨, 간장, 청주, 마늘, 설탕을 넣고 걸쭉하게 간다.
3. 마지막에 다시마 국물을 조금씩 넣어가며 곱게 갈아 완성한다.

 들깨와 땅콩은 고영양 식품이지만 불포화 지방산이 다량 함유되어 산패되기 쉬우므로 구입 후 가급적 빠른 시일 내에 섭취하도록 한다.

Salad recipe

훈제연어 고구마 샐러드
들깨 땅콩버터 드레싱
222쪽

재료

훈제 연어 200g, 고구마 150g, 통조림 옥수수 1큰술, 양상추 1장, 양배추 1장, 무순 10g, 설탕 1큰술, 소금 1/4작은술, 마요네즈 2큰술, 레몬 1/4개

샐러드 만들기

1. 훈제 연어는 냉동된 것을 구입해 냉장실에서 해동한다.
2. 고구마는 껍질을 벗기고 1cm 두께로 썰어 냄비에 담은 후 고구마가 잠길 정도로 물을 붓고 삶는다.
3. 2의 고구마가 완전히 익으면 물을 따라 버리고 수분을 증발시킨 다음 으깬다.
4. 3의 고구마가 차게 식으면 분량의 설탕, 소금, 마요네즈를 넣고 버무린다.
5. 옥수수는 통조림으로 준비해 물기를 받친다.
6. 5의 옥수수를 4의 고구마샐러드에 섞는다.
7. 양배추와 양상추는 각각 곱게 채를 썰어 얼음물에 담가 싱싱하게 준비한다. 무순도 물에 담가 둔다.
8. 6의 고구마 샐러드를 우묵한 공기 모양으로 다듬어 접시의 중앙에 담고 윗면을 1의 연어로 감싼다.
9. 8의 주위로 7의 채소를 담아 들깨 땅콩버터 드레싱을 끼얹고 레몬 조각으로 장식해 낸다.

고소한 맛이 나는 드레싱

건새우 드레싱
Dry shrimp dressing

Information

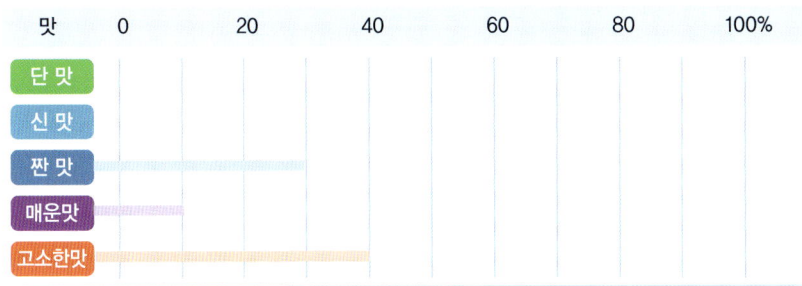

재료

건새우 1/2컵

마요네즈 1/2컵

핫소스 1큰술

다진 마늘 1작은술

후춧가루 약간

드레싱 만들기

1. 건새우는 기름기 없는 팬에 볶아 고소한 맛을 살려 주고 체에 밭쳐 충분히 식힌다(온기가 있으면 수분이 생겨 곱게 갈아지지 않는다).
2. 건새우가 완전히 식으면 분쇄기로 곱게 갈아 놓는다.
3. 볼 또는 드레싱 용기에 건새우와 분량의 마요네즈, 핫소스, 다진 마늘, 후춧가루를 넣고 잘 섞어 완성한다.

> **코멘트** 볶은 건새우는 온기가 있으면 수분이 생겨 잘 갈리지 않으므로 넓은 접시에 펼쳐 충분히 식혀 건조한 다음 분쇄기로 간다. 갈아 놓은 새우는 드레싱의 재료뿐만 아니라 천연 조미료로 사용해도 좋다.

고소한 맛이 나는 드레싱

건포도 아몬드 드레싱
Raisin almond dressing

Information

맛	0	20	40	60	80	100%
단 맛						
신 맛						
짠 맛						
매운맛						
고소한맛						

재료

- 건포도 1/4컵
- 아몬드 슬라이스 1/4컵
- 포도주스 1/2컵
- 올리고당 2큰술
- 엑스트라 버진 올리브유 1/2컵
- 파르메산 치즈 가루 1큰술
- 소금 1/2작은술

드레싱 만들기

1. 건포도는 잘게 다져 준비한다.
2. 아몬드 슬라이스도 잘게 다져 놓는다.
3. 믹싱볼에 건포도와 아몬드 슬라이스를 담고 포도주스, 올리고당, 올리브유, 파르메산 치즈 가루, 소금을 넣고 잘 섞어 완성한다.

코멘트 이탈리아 치즈의 왕이라 불리는 파르메산 치즈(Parmesan cheese)는 이탈리아 북부의 파르마(parma)가 원산지이다. 질감이 단단하여 주로 가루로 만들어 사용하는데 진한 향이 음식의 맛을 한결 깊게 해 준다.

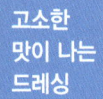

구운 베이컨 드레싱
Grilled bacon dressing

고소한 맛이 나는 드레싱

Information

| 맛 | 0 | 20 | 40 | 60 | 80 | 100% |

- 단 맛
- 신 맛
- 짠 맛
- 매운맛
- 고소한맛

재료

베이컨 80g(4장)

엑스트라 버진 올리브유 1/2컵

식초 2큰술

씨겨자 1작은술

다진 마늘 1작은술

타임 1/2작은술

후춧가루 약간

드레싱 만들기

1. 베이컨은 기름을 두르지 않은 팬에 바삭하게 구운 후 키친타월로 기름기를 제거해 놓는다.
2. 베이컨이 식으면 잘게 다져 준비한다.
3. 볼에 베이컨, 올리브유, 식초, 씨겨자, 다진 마늘, 타임, 후춧가루를 넣고 잘 섞어 완성한다.

 베이컨은 돼지고기 삼겹살을 훈제시켜 만들어, 구웠을 때 입맛을 돋우는 특유의 진한 향이 있고, 염장 처리되어 짠 맛이 나므로 드레싱에 특별히 소금간을 할 필요가 없다.

고소한 맛이 나는 드레싱

참치 드레싱
Tuna dressing

Information

맛	0	20	40	60	80	100%

- 단맛
- 신맛
- 짠맛
- 매운맛
- 고소한맛

재료

통조림 참치 100g

마요네즈 1/2컵

레몬 1/4개

고추냉이 간 것(또는 연와사비) 1직은술

소금, 후춧가루 약간씩

다진 양파 2큰술

다진 마늘 1/2큰술

다진 피망 1큰술

드레싱 만들기

1. 레몬은 즙을 낸다.
2. 통조림 참치는 체에 밭쳐 기름기를 쪽 빼 믹서에 넣는다.
3. 2에 분량의 마요네즈, 레몬즙, 고추냉이 간 것, 소금, 후춧가루를 넣고 같이 갈아 놓는다.
4. 3의 재료에 다진 양파와 마늘, 피망을 섞어 드레싱을 완성한다.

> **코멘트** 참치 드레싱은 채소를 주로 사용하여 만든 샐러드에 사용하면 채소에 부족한 맛과 영양을 균형 있게 잡아줄 수 있으며 샌드위치의 스프레드로 활용하여도 좋다.

Salad recipe

참치 드레싱 샐러드
참치 드레싱
232쪽

재료

바게트 빵 1/2개, 버터 30g, 다진 마늘 1작은술, 토마토 1/2개, 올리브 2개, 핫소스, 레몬즙 약간, 새싹채소 한 줌, 발사믹 글레이즈 2큰술

샐러드 만들기

1. 바게트 빵은 두께 1.5cm 정도로 어슷하게 썬다.
2. 버터에 다진 마늘을 고루 섞어 빵의 한쪽 면에 바른 후 팬에 바삭하게 구워 낸다.
3. 토마토는 씨를 제거해 굵게 다지고 올리브 열매도 다져 같이 핫소스와 레몬즙으로 살짝 버무린다.
4. 새싹채소는 찬물에 담가 싱싱하게 준비한다.
5. 2의 구운 빵 위에 참치 드레싱을 얹은 후 양념에 버무려 놓은 토마토와 새싹채소를 보기 얹어 접시에 담는다.
6. 발사믹 글레이즈를 보기 좋게 뿌려낸다.

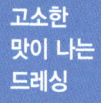
고소한 맛이 나는 드레싱

블루치즈 드레싱
Blue cheese dressing

Information

맛	0	20	40	60	80	100%
단 맛						
신 맛						
짠 맛						
매운맛						
고소한맛						

재료

블루치즈 50g

양파 40g(1/4개)

엑스트라 버진 올리브유 1/2컵

사워크림 1/2컵

파프리카 가루 1작은술

마늘 2쪽

소금 1/2작은술

후춧가루 약간

드레싱 만들기

1. 양파는 믹서에 갈기 좋도록 잘게 썰어 준비한다.
2. 블루치즈도 갈기 좋도록 적당한 크기로 썰어 놓는다.
3. 믹서에 1과 2를 넣고 올리브유, 사워크림, 파프리카 가루, 마늘, 소금, 후춧가루를 같이 넣는다.
4. 모든 재료들이 골고루 섞이도록 충분히 갈아 완성한다.

> **코멘트** 블루치즈는 푸른곰팡이의 일종인 페니실륨 로크포르티(*Penicillium roqueforti*)에 의해 숙성되어 질감이 부드럽고 치즈 안쪽에 곰팡이로 인한 대리석 모양의 푸른 무늬가 있다. 향이 매우 진하고 독특하여 호불호가 갈리는 식품이지만 마니아들에게는 사랑받는 치즈이기도 하다.

호두 드레싱
Walnut dressing

고소한 맛이 나는 드레싱

Information

맛	0	20	40	60	80	100%

- 단 맛
- 신 맛
- 짠 맛
- 매운맛
- 고소한맛

재료

호두 1/2컵	꿀 2큰술
사과 50g(1/4개)	식초 2큰술
양파 40g(1/4개)	계핏가루 1/4작은술
마늘 5g(1쪽)	소금 1/2작은술
샐러드유 1/2컵	후춧가루 약간

드레싱 만들기

1. 냄비에 호두를 넣고 잠길 만큼 물을 부은 후 끓으면 5분간 더 끓여 호두 속껍질의 쓴맛을 제거한 다음 물기를 빼 놓는다.
2. 호두는 180°C로 예열된 오븐에 넣고 15~20분간 구운 후 식혀 고소한 맛을 살려 준다.
3. 사과와 양파는 잘게 썰어 준비한다.
4. 믹서에 호두와 사과, 양파, 마늘을 넣고 샐러드유, 꿀, 식초, 계피가루, 소금, 후춧가루를 넣어 곱게 갈아 완성한다.

> **코멘트** 호두는 오메가3 지방 외에 단백질, 비타민 B_1 비타민 B_2, 등이 풍부한 고영양 식품이다. 호두를 삶은 후 오븐에 구우면 속껍질의 쓴맛이 제거되어 드레싱 재료로 이용하거나 간식으로 먹을 때 더 고소하게 즐길 수 있다.

고소한
맛이 나는
드레싱

구운 버섯 드레싱
Grilled mushroom dressing

Information

맛	0	20	40	60	80	100%
단 맛						
신 맛						
짠 맛						
매운맛						
고소한맛						

재료

표고버섯 25g

양송이버섯 25g

마늘 10g

버터 1큰술

샐러드유 1/2컵

소금 1/2작은술

후춧가루 약간

드레싱 만들기

1. 표고버섯과 양송이버섯, 마늘은 각각 얇게 썰어 놓는다.
2. 팬을 달군 후 버터를 녹이고 위의 표고버섯, 양송이버섯, 마늘을 넣어 노릇하게 굽는다.
3. 2를 식힌 후 믹서에 넣는다.
4. 3에 분량의 샐러드유, 소금, 후춧가루를 넣고 곱게 갈아 드레싱을 완성한다.

 버섯은 갓이 완전히 피지 않은 신선한 것을 선택한다. 스펀지와 같은 조직감으로 물에 씻으면 수분을 빨아들여 맛과 향이 떨어지므로 마른 면보자기로 겉면의 먼지만 털어내고 사용한다.

PART **6**

건강하게 먹는 드레싱

Dressing & Salad Recipe

건강하게
먹는
드레싱

부추 드레싱
Chinese chive dressing

Information

맛	0	20	40	60	80	100%
단맛						
신맛						
짠맛						
매운맛						
고소한맛						

재료

부추 30g
양파 40g(1/4개)
요구르트 1병
마요네즈 1/2컵
마늘 1쪽
올리브유 1/2컵
소금 1/2작은술
후춧가루 약간

드레싱 만들기

1. 부추는 5cm 정도의 길이로 썰어 끓는 물에 소금을 넣고 살짝 데친 후 찬물에 식혀 물기를 빼 놓는다.
2. 양파는 잘게 썰어 부추와 함께 믹서에 넣는다.
3. 마지막에 요구르트, 마요네즈, 마늘, 올리브유, 소금, 후춧가루를 넣고 곱게 갈아 드레싱을 완성한다.

 부추는 동의보감에 '간(肝)의 채소'라고 기록되어 있을 정도로 간 기능 개선에 탁월한 효과가 있다. 몸을 따뜻하게 해 주므로 속이 냉한 사람에게도 매우 좋은 식품이다.

Salad recipe

그린 샐러드
부추 드레싱
244쪽

재료

청경채 2포기, 꽃상추 1포기, 겨자잎 4장 등 여러 가지 푸른잎채소

샐러드 만들기

1. 청경채는 흐르는 물에 깨끗이 씻어 잎을 하나씩 떼어 찬물에 담가 싱싱하게 준비한다.
2. 꽃상추는 흐르는 물에 씻어 찬물에 담가 놓는다.
3. 겨자잎도 깨끗이 씻어 찬물에 담가 준비해 놓는다. 이외에도 다양한 푸른잎채소를 준비한다.
4. 준비된 채소들이 물기를 충분히 머금어 싱싱해지면 물기를 충분히 털어 내고 샐러드 볼에 보기 좋게 담는다.
5. 부추 드레싱을 곁들여 낸다.

건강하게
먹는
드레싱

인삼 드레싱
Ginseng dressing

Information

맛	0	20	40	60	80	100%
단 맛		■■				
신 맛		■				
짠 맛						
매운맛						
고소한맛						

재료

수삼 50g

사과 50g(1/4개)

건대추 20g(4개)

엑스트라 버진 올리브유 1/2컵

꿀 2큰술

식초 2큰술

레몬 1/4개

소금 1/2작은술

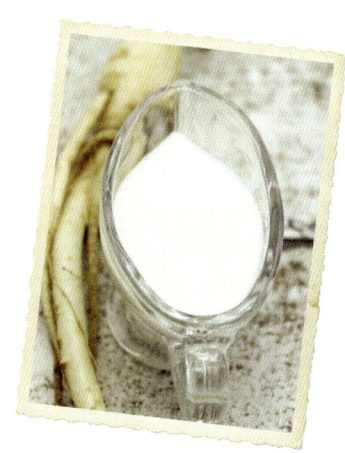

드레싱 만들기

1. 수삼은 깨끗이 씻어 적당한 크기로 썰고, 레몬은 즙을 낸다.
2. 사과는 껍질과 씨를 제거하여 잘게 썰고 건대추는 돌려 깎아 씨를 제거한 후 잘게 썬다.
3. 믹서에 수삼과 사과, 대추를 넣은 후 올리브유, 꿀, 식초, 레몬즙, 소금을 넣고 곱게 갈아 드레싱을 완성한다.

> **코멘트** 우리나라 인삼은 약효가 뛰어나 전 세계에서 인정받고 있다. 사포닌(saponin)과 폴리페놀(polyphenol) 물질이 다량 함유되어 면역력을 증진시키고 자양 강장의 효과가 크다. 특유의 쌉쌀한 맛이 입맛을 자극하여 식욕을 돋워 준다.

건강하게 먹는 드레싱

석류 드레싱
Pomegranate dressing

Information

맛	0	20	40	60	80	100%

- 단 맛
- 신 맛
- 짠 맛
- 매운맛
- 고소한맛

재료

석류 1개
홍초 1/4컵
레몬 1/4개
양파 40g(1/4개)
엑스트라 버진 올리브유 1/4컵
소금 1/2작은술
파슬리 가루 1/2작은술

드레싱 만들기

1. 석류는 반으로 잘라 알맹이를 따로 분리해 믹서에 넣고 홍초를 넣어 곱게 간다.
2. 갈아 놓은 석류는 면보자기에 받쳐 즙을 내고 씨는 제거한다.
3. 양파는 곱게 다져 준비하고 레몬은 즙을 짜 놓는다.
4. 2의 석류즙에 올리브유, 다진 양파, 레몬즙, 소금, 파슬리 가루를 넣고 잘 섞어 완성한다.

 석류는 여성의 갱년기 장애에 좋은 천연 식물성 에스트로겐을 다량 함유하고 있다.

건강하게 먹는 드레싱

복분자 드레싱
Rubus coreanus dressing

Information

맛	0	20	40	60	80	100%
단 맛						
신 맛						
짠 맛						
매운맛						
고소한맛						

재료

- 복분자 100g
- 양파 40g(1/4개)
- 발사믹식초 2큰술
- 엑스트라 버진 올리브유 1/2컵
- 소금 1/2작은술
- 후춧가루 약간

드레싱 만들기

1. 양파는 적당한 크기로 잘게 썰어 놓는다.
2. 믹서에 양파, 복분자, 발사믹식초, 올리브유, 소금, 후춧가루를 분량대로 넣는다.
3. 양파와 복분자가 곱게 갈릴 때까지 갈아 드레싱을 완성한다.

> **코멘트** 복분자는 항산화 작용이 뛰어나고 남성의 정력 증강에 도움을 주는 폴리페놀 성분을 함유하고 있다. 늦봄에 출시되는 생과뿐만 아니라 냉동된 복분자를 시중에서 사계절 내내 쉽게 구입할 수 있다.

건강하게 먹는 드레싱

오이 드레싱
Cucumber dressing

Information

맛	0	20	40	60	80	100%
단맛						
신맛	■■					
짠맛	■					
매운맛	■					
고소한맛						

재료

오이 40g(1/4개)
붉은 파프리카 30g(1/4개)
노란 파프리카 30g(1/4개)
양파 40g(1/4개)
엑스트라 버진 올리브유 1/2컵

마늘 1쪽
식초 2큰술
레몬 1/4개
소금 1/2작은술
후춧가루 약간
바질 2장

드레싱 만들기

1. 오이는 깨끗이 씻은 후 돌려 깎아 씨를 제거하고 가늘게 채를 썬 다음 잘게 다진다.
2. 붉은 파프리카, 노란 파프리카, 양파, 마늘도 곱게 다져 준비한다.
3. 레몬은 즙을 짜서 준비한다.
4. 1과 2의 다져 놓은 재료들을 드레싱 용기에 넣은 후 올리브유, 식초, 레몬즙, 소금, 후춧가루를 넣고 바질잎을 잘게 썰어 같이 넣는다.
5. 모든 재료들을 충분히 섞어 드레싱을 완성한다.

> **코멘트** 오이 드레싱은 초록색과 붉은색, 노란색 등이 어우러진 알록달록한 드레싱이다. 식초로 인해 시간이 지나면서 오이 색이 노랗게 변하므로 선명한 색을 표현하기 위해서는 샐러드에 사용하기 직전에 오이를 넣어 섞어 주는 것이 좋다.

Salad recipe

곡물 샐러드
오이 드레싱
254쪽

재료

보리쌀 50g, 율무 50g, 기장 30g

샐러드 만들기

1. 보리쌀과 율무는 깨끗이 씻어 물에 담가 1시간 정도 불린 다음 보리 5배의 물을 붓고 30분간 삶은 후 체에 밭쳐 흐르는 물에 씻어 물기를 빼 놓는다.
2. 기장은 깨끗이 씻어 물에 담가 30분 정도 불린 다음 냄비에 담고 기장 5배의 물을 붓고 15분간 삶아 체에 밭쳐 흐르는 물에 씻은 후 물기를 빼 놓는다.
3. 보리쌀과 율무, 기장을 한데 합하여 오이 드레싱에 버무려 30분쯤 간이 배도록 재 놓는다.
4. 곡물에 드레싱 간이 배면 그릇에 담아 완성한다.

건강하게 먹는 드레싱

구운 마늘 드레싱
Grilled garlic dressing

Information

맛	0	20	40	60	80	100%
단맛						
신맛						
짠맛						
매운맛						
고소한맛						

재료

마늘 100g
올리브유 1/2컵
씨겨자 1큰술
식초 2큰술
올리고당 1큰술
소금 1/2작은술
후춧가루 약간

드레싱 만들기

1. 마늘은 얇게 슬라이스한 후 올리브유를 표면에 바르고 180°C 오븐에서 10분 정도 노릇하게 굽는다.
2. 위의 마늘을 식힌 후 믹서에 넣는다.
3. 믹서에 나머지 올리브유, 씨겨자, 식초, 올리고당, 소금, 후춧가루를 넣고 마늘이 곱게 갈릴 때까지 갈아 드레싱을 만든다.

 마늘은 항균 작용과 항암 효과가 뛰어난 식품이며 특히 우리나라 음식에서는 오랜 옛날부터 빼 놓을 수 없는 향신료로 사용되어 왔다. 요리 시 구워서 사용하면 자극이 덜하고 구수한 풍미가 더해진다.

건강하게
먹는
드레싱

오디 드레싱
Mulberry dressing

Information

맛	0	20	40	60	80	100%
단 맛						
신 맛						
짠 맛						
매운맛						
고소한맛						

재료

오디 50g

플레인 요구르트 1/2컵

꿀 1큰술

소금 1/2작은술

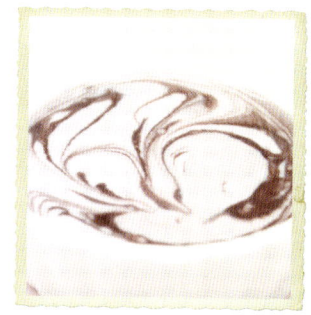

드레싱 만들기

1. 오디는 흐르는 물에 살살 씻은 후 체에 밭쳐 물기를 빼 놓는다(냉동 오디는 냉동된 상태로 사용해 수분을 유지한다).
2. 믹서에 위의 오디를 넣고 분량의 플레인 요구르트, 꿀, 소금을 넣은 후 곱게 갈아 완성한다.

코멘트 뽕나무의 열매인 오디는 검은색에 가까운 보라색을 띄는데 이 색소 성분을 안토시아닌이라고 하며 강력한 항산화 작용을 한다. 간식이 귀했던 시절을 살아온 어르신들에게는 비교적 손쉽게 얻을 수 있는 추억의 간식거리이기도 하다.

건강하게 먹는 드레싱

아마씨 드레싱
Linseed dressing

Information

맛	0	20	40	60	80	100%
단 맛	■					
신 맛	■■■					
짠 맛	■■					
매운맛						
고소한맛	■■■■					

재료

볶은 아마씨 1/4컵

땅콩버터 1큰술

엑스트라 버진 올리브유 1/2컵

식초 2큰술

소금 1/2작은술

다진 마늘 1작은술

후춧가루 약간

드레싱 만들기

1. 볼에 땅콩버터를 분량대로 넣고 올리브유를 조금씩 넣어 뭉치지 않게 풀어 농도를 묽게 만든다.
2. 여기에 분량의 식초, 소금, 다진 마늘, 후춧가루를 넣는다.
3. 마지막에 아마씨를 넣고 모든 재료들이 잘 섞이도록 저어 완성한다.

> **코멘트** 아마씨는 식물성 에스트로겐과 오메가3, 식이섬유가 풍부한데 독성이 있어 반드시 볶아서 사용해야 한다. 시중에 판매되는 아마씨는 볶은 것이므로 그대로 사용하여도 좋다.

| 건강하게 먹는 드레싱 |

낫토 드레싱
Natto dressing

Information

맛	0	20	40	60	80	100%
단맛						
신맛						
짠맛						
매운맛						
고소한맛						

재료

낫토 50g
셀러리 30g(1/2대)
양파 40g(1/4개)
마늘 5g(1쪽)
샐러드유 1/2컵
식초 2큰술
레몬 1/4개
소금 1/2작은술
후춧가루 약간

드레싱 만들기

1. 셀러리는 섬유질을 제거한 후 잘게 썰고 양파도 잘게 썰어 준비한다.
2. 레몬은 즙을 짜서 준비한다.
3. 믹서에 셀러리, 양파, 마늘을 넣고 샐러드유, 식초, 레몬즙, 소금, 후춧가루를 넣어 곱게 갈아 놓는다.
4. 갈아 놓은 재료에 낫토를 잘 섞어 드레싱을 완성한다.

 우리나라의 청국장과 제조 방법이 같은 낫토는 낫토균(*Bacillus natto*)에 의해 발효되어 독특한 향과 끈적이는 점성 때문에 익숙하지 않을 수 있으나 현대인들에게 부족한 영양을 보충해 줄 최고의 건강 식품이다.

Salad recipe

아보카도 낫토 샐러드

낫토 드레싱
264쪽

재료

아보카도 1개, 낫토 30g

샐러드 만들기

1. 아보카도는 껍질에 검은 빛이 나는 것을 고른다(껍질이 초록색이면 검게 변할 때까지 실온에서 숙성시켜 사용).
2. 아보카도는 중심에 탁구공만한 씨가 있으므로 칼날이 씨에 닿을 정도로 돌려가며 세로로 칼금을 넣는다.
3. 칼금이 한 바퀴 돌아가면 칼을 뺀 후 양손으로 아보카도를 잡고 서로 반대 방향으로 비틀어 한쪽 과육을 떼어 낸다.
4. 반대쪽 과육에 붙어 있는 씨에 칼날을 살짝 박은 후 옆으로 칼을 돌려 남은 씨를 빼낸다.
5. 씨를 제거한 아보카도의 과육은 껍질을 뒤집 듯이 벗겨 내고 0.5cm 두께로 썬다.
6. 썰어 놓은 아보카도는 접시에 보기 좋게 담은 후 낫토를 군데군데 올린다.
7. 낫토 드레싱을 만들어 위의 샐러드에 뿌려 낸다.

건강하게 먹는 드레싱

마 드레싱
Yam dressing

Information

맛	0	20	40	60	80	100%
단맛						
신맛						
짠맛						
매운맛						
고소한맛						

재료

참마 100g

꿀 2큰술

생크림 1/4컵

플레인 요구르트 1통

소금 1/2작은술

드레싱 만들기

1. 참마는 깨끗이 씻은 후 껍질을 벗겨 준비한다.
2. 위의 마를 강판에 곱게 갈아 마즙을 준비한다.
3. 마즙에 꿀, 생크림, 플레인 요구르트, 소금을 분량대로 섞어 드레싱을 만든다.

코멘트 마는 땅속의 장어라고 불릴 만큼 스태미너 효과가 탁월하며 마를 갈 때 나오는 끈적거리는 점질물질은 뮤신(mucin)이라는 물질로 위장 보호 효과가 있다. 껍질 벗긴 마를 맨손으로 만지면 가려움증을 유발하므로 조리용 장갑을 끼고 만지는 것이 좋다.

건강하게
먹는
드레싱

아로니아 드레싱
Aronia dressing

Information

맛	0	20	40	60	80	100%
단맛						
신맛						
짠맛						
매운맛						
고소한맛						

재료

아로니아즙 1/2컵

양파 40g(1/4개)

마늘 5g(1쪽)

엑스트라 버진 올리브유 1/2컵

꿀 2큰술

식초 2큰술

소금 1/2작은술

후춧가루 약간

드레싱 만들기

1. 아로니아즙을 냄비에 넣고 1/4 분량이 될 때까지 졸인다.
2. 아로니아즙이 식으면 올리브유, 꿀, 식초, 소금, 후춧가루를 넣는다.
3. 2에 양파와 마늘을 곱게 다져 넣는다.
4. 재료들이 완전히 섞일 때까지 저어 드레싱을 완성한다.

> **코멘트** 아로니아는 짙은 보라색을 띠는 열매로, 안토시아닌 색소가 풍부하여 항산화 작용이 뛰어나다. 꿀을 넣으면 아로니아 특유의 쓴맛과 떫은맛이 줄어들어 편하게 먹을 수 있다. 아로니아 생과를 착즙한 제품도 시판되고 있어 드레싱에 간편하게 활용할 수 있다.

건강하게 먹는 드레싱

녹차 드레싱
Green tea dressing

Information

맛	0	20	40	60	80	100%
단맛						
신맛						
짠맛						
매운맛						
고소한맛						

재료

- 녹차가루 2큰술
- 양파 40g(1/4개)
- 셀러리 30g(1/2대)
- 샐러드유 1/2컵
- 매실청 2큰술
- 식초 1큰술
- 소금 1/2작은술

드레싱 만들기

1. 양파는 잘게 썰고, 셀러리는 섬유질을 제거한 후 잘게 썰어 믹서에 같이 넣는다.
2. 여기에 분량의 녹차가루, 샐러드유, 매실청, 식초, 소금을 넣는다.
3. 양파와 셀러리가 곱게 갈아질 때까지 충분히 갈아 드레싱을 완성한다.

 녹차는 카테킨(catechin)과 탄닌 성분이 풍부하여 지방 분해력이 뛰어나며, 특히 가루로 사용하게 되면 잎을 우려 차로 마시는 것보다 녹차의 유효 성분을 더 효율적으로 섭취할 수 있다.

건강하게 먹는 드레싱

홍초 드레싱
Hong-cho dressing

Information

맛	0	20	40	60	80	100%

- 단맛
- 신맛
- 짠맛
- 매운맛
- 고소한맛

재료

홍초 1/2컵
양파 40g(1/4개)
샐러드유 1/2컵
마늘 5g(1쪽)
소금 1/2작은술
후춧가루 약간

드레싱 만들기

1. 홍초는 냄비에 넣고 1/4 분량이 될 때까지 졸인다.
2. 양파를 잘게 썰어 믹서에 넣고 위의 홍초와 샐러드유, 마늘, 소금, 후춧가루를 같이 넣는다.
3. 양파와 마늘이 곱게 갈릴 때까지 충분히 갈아 드레싱을 완성한다.

코멘트 홍초는 자연 발효 식초에 과즙을 섞어 물에 희석해 마시기 쉬운 형태로 나온 제품으로 상큼한 맛이다. 석류, 레몬, 블루베리, 파인애플, 복분자 등 종류가 다양하므로 취향에 따라 구입해 사용할 수 있다.

Salad recipe

과일 샐러드

홍초 드레싱
274쪽

재료

딸기 100g, 키위 2개, 자몽 1개, 포도 100g, 민트잎 약간

샐러드 만들기

1. 딸기는 흐르는 물에 씻어 물기를 제거하고 꼭지를 딴 후 반으로 자른다.
2. 키위는 껍질을 벗기고 길이로 4등분한 후 먹기 좋은 크기로 썬다.
3. 자몽은 속껍질을 벗겨 내고 속살만 발라 반으로 자른다.
4. 포도는 알알이 따서 깨끗이 씻은 후 반으로 잘라 놓는다.
5. 준비된 과일을 한데 담아 놓는다.
6. 홍초 드레싱을 5의 준비된 과일에 골고루 뿌리고 민트잎으로 장식한다.

건강하게
먹는
드레싱

감식초 드레싱
Persimmon vinegar dressing

Information

맛	0	20	40	60	80	100%
단 맛	■■					
신 맛	■■■■					
짠 맛	■■					
매운맛						
고소한맛						

재료

감식초 1/4컵

엑스트라 버진 올리브유 1/2컵

매실청 2큰술

간장 1큰술

소금 1/4작은술

후춧가루 약간

드레싱 만들기

1. 볼 또는 드레싱 용기에 분량의 감식초, 올리브유, 매실청, 간장, 소금, 후춧가루를 넣는다.
2. 위의 재료들이 뿌옇게 섞일 때까지 충분히 젓거나 흔들어 드레싱을 완성한다.

코멘트 감식초는 감을 자연 숙성, 발효시킨 것이며, 감의 떫은 맛 성분인 탄닌(tannin)으로 인해 검은색이 특징이다. 향긋하고 새콤한 맛이 소화액 분비를 촉진하여 입맛을 돋우며, 체내의 에너지 대사와 관련하여 피로를 빠르게 회복시켜 준다.

건강하게
먹는
드레싱

서리태 드레싱
Black been dressing

Information

맛	0	20	40	60	80	100%
단 맛						
신 맛						
짠 맛						
매운맛						
고소한맛						

재료

삶은 서리태 1/2컵(마른 서리태 1/5컵)

마요네즈 1/4컵

샐러드유 1/2컵

간장 2큰술

식초 2큰술

마늘 1쪽

드레싱 만들기

1. 서리태는 깨끗이 씻어 적당히(여름 5시간, 겨울 8시간) 불린 다음 그 물에 삶는다. 물이 끓기 시작하면 10분간 더 삶는다.
2. 위의 서리태는 물기를 뺀 후 식혜 믹서에 넣는다.
3. 여기에 마요네즈, 샐러드유, 간장, 식초, 마늘을 분량대로 넣고 곱게 갈아 완성한다.

 껍질은 검은색이지만 속살이 푸르스름한 색을 띤다. 10월경 서리를 맞은 뒤에나 수확할 수 있어 서리태라는 이름이 붙었다. 식물성 에스트로겐 역할을 하는 이소플라본이 많이 함유되어 갱년기 여성에게 특히 좋은 식품이다.

백년초 드레싱
Prickly pear dressing

Information

| 맛 | 0 | 20 | 40 | 60 | 80 | 100% |

- 단 맛
- 신 맛
- 짠 맛
- 매운맛
- 고소한맛

재료

백년초 가루 2큰술

양파 40g(1/4개)

엑스트라 버진 올리브유 1/2컵

홍초 2큰술

레몬 1/4개

마늘 1쪽

소금 1/2작은술

드레싱 만들기

1. 레몬은 즙으로 만들어 놓는다.
2. 양파는 잘게 썰어 믹서에 넣고 분량의 올리브유와 홍초, 마늘을 같이 넣어 곱게 간다.
3. 위의 갈아 놓은 재료에 백년초 가루를 넣고 잘 섞는다.
4. 여기에 분량의 소금, 레몬즙을 넣어 잘 저어 완성한다.

> **코멘트** 백년초는 1976년에 제주도 지방기념물 제35호로 지정되어 보호받고 있으며 부채선인장속의 한 종류로 멕시코가 원산지이다. 칼슘, 철분과 식이섬유가 풍부하게 함유되어 있다. 가공되어 시판되는 백년초 가루는 여러 요리에 응용할 수 있으며 천연 색소로도 많이 활용된다.

PART 7

색다른 맛이 나는 드레싱

Dressing & Salad Recipe

색다른 맛이 나는 드레싱

딜 요구르트 마요네즈 드레싱
Dill yogurt mayonnaise dressing

Information

맛	0	20	40	60	80	100%
단맛						
신맛						
짠맛						
매운맛						
고소한맛						

재료

딜 4줄기
마늘 10g(2쪽)
플레인 요구르트 1/2컵
마요네즈 1/2컵
레몬 1/4개
식초 2큰술
소금 1/2작은술
후춧가루 약간

드레싱 만들기

1. 딜과 마늘은 곱게 다져 준비한다.
2. 레몬은 즙을 내어 준비한다.
3. 볼에 1의 딜과 마늘을 넣고 플레인 요구르트, 마요네즈를 넣는다.
4. 여기에 분량의 레몬즙, 식초, 소금, 후춧가루를 넣고 잘 섞어 드레싱을 완성한다.

 딜(dill)은 '진정시키다'는 의미가 있는 향신료이다. 오이피클을 만들 때 꼭 넣어야 하는 재료이며 생선 비린내를 없애는 효과가 있어 해산물 샐러드 등에도 잘 어울린다.

Salad recipe

재료

중하 새우 200g, 소금 약간, 양파 1/4개, 레몬 1/4개, 월계수잎 1장, 브로콜리 1/2개, 꽃상추 1포기, 꽃양배추 5장, 올리브유에 절인 페타 치즈 1/2컵

샐러드 만들기

1. 중하 새우는 이쑤시개를 사용해 등 쪽 내장을 빼내고 끓는 물에 소금, 양파, 레몬 조각, 월계수잎을 넣고 삶아 식은 후 껍질을 벗긴다.
2. 브로콜리는 끓는 물에 소금을 넣고 1분 정도 데친 후 식혀 한입 크기로 썬다.
3. 꽃상추와 꽃양배추는 한입 크기로 뜯어 찬물에 담가 싱싱해지면 건져 물기를 털어낸다.
4. 준비된 채소를 접시에 보기 좋게 담고 가운데에 1의 새우를 올린다.
5. 올리브유에 절인 페타 치즈를 샐러드 위에 골고루 뿌린다.
6. 5의 샐러드에 딜 요구르트 마요네즈 드레싱을 곁들여 낸다.

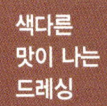
색다른 맛이 나는 드레싱

바질 페스토 드레싱
Basil pesto dressing

Information

맛	0	20	40	60	80	100%
단맛						
신맛						
짠맛						
매운맛						
고소한맛						

재료

- 바질잎 50g(1컵)
- 잣 1/2컵
- 마늘 1쪽
- 파르메산 치즈 가루 1/4컵
- 엑스트라 버진 올리브유 1컵
- 소금 1/2작은술
- 후춧가루 약간

드레싱 만들기

1. 바질잎은 사용하기 직전에 씻어 물기를 빼 놓는다(미리 씻어 놓으면 색이 검게 변한다).
2. 잣은 고깔을 떼어 180°C로 예열한 오븐에 2분 정도 구워 준비한다(잣이 더욱 고소해진다).
3. 믹서에 잣, 마늘, 파르메산 치즈 가루를 넣고 올리브유를 절반 분량만 넣어서 간다.
4. 잣이 곱게 갈아지면 바질잎을 넣고 갈다가 나머지 올리브유를 조금씩 넣어가며 간다.
5. 마지막에 소금, 후춧가루를 넣고 잠깐 더 갈아 완성한다.

> **코멘트** 페스토(pesto)는 '찧다' 혹은 '빻다', '부수다'의 뜻을 가진 이탈리아어 '페스타레(pestare)'와 제노바(Genova)의 방언 '페스타(pestâ)'에서 파생된 말이다. 바질 페스토는 이탈리아의 대표적 토마토 샐러드인 카프레제(caprese)에 주로 사용되며 샐러드뿐만 아니라 파스타에 곁들여 먹기도 한다.

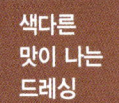

사우전드 아일랜드 드레싱
Thousand island dressing

Information

맛	0	20	40	60	80	100%
단맛						
신맛	▓▓					
짠맛	▓▓					
매운맛	▓					
고소한맛	▓					

재료

삶은 달걀 1/2개	레몬 1/4개
양파 50g	칠리소스 1큰술
피망 20g	토마토케첩 1/4컵
오이피클 20g	소금 1/2작은술
파슬리 1줄기	후춧가루 약간
마요네즈 1/2컵	물 1/4컵
파프리카 가루 1/2작은술	

드레싱 만들기

1. 달걀은 삶아 체에 내리거나 곱게 다진다.
2. 양파, 피망, 오이피클, 파슬리는 각각 곱게 다진다.
3. 위의 달걀, 양파, 피망, 오이피클, 파슬리를 용기에 모두 담은 후 나머지 재료를 분량대로 넣고 잘 섞은 후 레몬즙을 짜서 맛을 낸다.

> **코멘트** 사우전드 아일랜드 드레싱은 마요네즈에 토마토케첩을 섞어 핑크빛을 만들고 온갖 재료를 다져 넣은 모습이 마치 천 여 개의 섬이 핑크빛 물 위에 떠 있는 형상을 나타내어 붙여진 이름으로, 보통은 줄여 아일랜드 드레싱이라고도 부른다. 우리나라에서 가장 보편화된 서양 드레싱이다.

색다른 맛이 나는 드레싱

아보카도 체다치즈 드레싱
Avocado cheddar cheese dressing

Information

맛	0	20	40	60	80	100%
단 맛	■					
신 맛	■■■					
짠 맛	■■■■■					
매운맛						
고소한맛	■					

재료

아보카도 1개
체다 슬라이스 치즈 2장
마요네즈 1/2컵
식초 1큰술
레몬 1/4개
물 1/4컵
소금 1/4작은술
후춧가루 약간

드레싱 만들기

1. 레몬은 즙을 내고, 아보카도는 중심에 탁구공만한 씨가 있으므로 칼날이 씨에 닿을 정도로 돌려가며 세로로 칼금을 넣는다.
2. 칼금이 한 바퀴 돌아가면 칼을 뺀 후 양손으로 아보카도를 잡고 서로 반대 방향으로 비틀어 한쪽 과육을 떼어 낸다.
3. 반대쪽 과육에 붙어 있는 씨에 칼날을 살짝 박은 후 옆으로 칼을 돌려서 남은 씨를 빼낸다.
4. 씨를 제거한 아보카도의 과육은 껍질을 뒤집듯이 벗겨 내고 적당한 크기로 썬다.
5. 믹서에 위의 아보카도와 적당히 찢은 체다 슬라이스 치즈, 마요네즈, 식초, 레몬즙, 물, 소금, 후춧가루를 넣고 곱게 갈아 완성한다.

아보카도는 과일이지만 지방의 함량이 100g당 18g 정도로 높아 버터 과일(butter fruit)이라는 별칭으로 불리기도 한다. 질감이 부드럽고 고소하지만 단맛은 적다. 껍질이 초록색에서 검은색으로 변했을 때가 가장 먹기 좋게 숙성된 때이다.

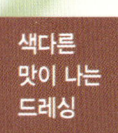
색다른
맛이 나는
드레싱

케이퍼 홀스래디시 크림 드레싱
Caper horseradish cream dressing

Information

맛	0	20	40	60	80	100%
단 맛						
신 맛						
짠 맛						
매운맛						
고소한맛						

재료

- 케이퍼 20g
- 홀스래디시 2큰술
- 양파 80g(1/2개)
- 생크림 1/4컵
- 엑스트라 버진 올리브유 1/2컵
- 식초 2큰술
- 레몬 1/4개
- 소금 1/2작은술
- 후춧가루 약간
- 파슬리 가루 1/2작은술

드레싱 만들기

1. 레몬은 즙을 내고, 양파는 믹서에 갈기 좋은 크기로 잘게 썬다.
2. 믹서에 양파와 케이퍼, 홀스래디시, 올리브유, 생크림, 식초, 레몬즙, 소금, 후춧가루를 넣고 양파와 케이퍼가 완전히 갈아질 때까지 충분히 간다.
3. 마지막에 파슬리 가루를 섞어 완성한다.

 케이퍼는 상큼한 맑은 향과 겨자처럼 톡 쏘는 매운맛이 육류나 생선의 비린내를 없애 요리의 맛을 돋우는 역할을 한다. 보통 꽃봉오리를 피클로 담아 놓은 형태로 구입할 수 있으며 연어 요리에 필수 재료로 활용된다.

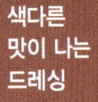
색다른 맛이 나는 드레싱

적양배추 포도 요구르트 드레싱
Red cabbage grape yogurt dressing

Information

맛	0	20	40	60	80	100%
단 맛						
신 맛						
짠 맛						
매운맛						
고소한맛						

재료

적양배추 100g

포도주스 1/2컵

요구르트 1병

엑스트라 버진 올리브유 1/2컵

소금 1/2작은술

후춧가루 약간

드레싱 만들기

1. 적양배추는 적당한 크기로 썰어 믹서에 넣는다.
2. 여기에 분량의 포도주스와 요구르트, 올리브유, 소금, 후춧가루를 넣는다.
3. 양배추가 곱게 갈아질 때까지 충분히 갈아 드레싱을 완성한다.

> **코멘트** 적양배추는 적채라고도 불리며 흰 양배추보다 과당과 포도당, 비타민 C, 그리고 식물성 단백질에 많이 존재하는 라이신(lysine) 등의 영양 성분이 더 풍부한 건강 식품이다. 위궤양과 간 기능의 회복에 도움을 주고, 항산화 물질이 풍부한 보랏빛의 안토시아닌 성분은 노화 방지에 효과적이다.

구운 파프리카 드레싱
Grilled paprika dressing

색다른 맛이 나는 드레싱

Information

| 맛 | 0 | 20 | 40 | 60 | 80 | 100% |

- 단맛
- 신맛
- 짠맛
- 매운맛
- 고소한맛

재료

붉은 파프리카 1개
양파 40g(1/4개)
마늘 2쪽
엑스트라 버진 올리브유 1/2컵
식초 2큰술
레몬 1/4개
소금 1/2작은술
후춧가루 약간
파슬리 가루 1/2작은술

드레싱 만들기

1. 붉은 파프리카는 석쇠에 얹어 표면이 약간 타들어갈 정도로 구워 수돗물에 문질러가며 껍질을 벗겨낸 후 잘게 썬다.
2. 양파는 잘게 썰어 준비하고 레몬은 즙을 짠다.
3. 믹서에 파프리카와 양파, 마늘을 넣고 분량의 올리브유, 식초, 레몬즙, 소금, 후춧가루를 넣고 곱게 간다.
4. 갈아진 드레싱에 파슬리 가루를 넣고 잘 섞어 파프리카 드레싱을 완성한다.

 파프리카는 구우면 생파프리카보다 단맛이 4배 증가되고 향기는 깊어져 더욱 진한 풍미를 즐길 수 있다. 파프리카를 구울 때는 센 불에서 가급적 재빨리 구워 낸다.

Salad recipe

연어
리스 샐러드

구운 파프리카 드레싱
300쪽

재료

연어 300g, 보코치니 치즈 100g, 어린잎 채소 150g, 방울토마토 50g, 레몬 1/2개, 케이퍼 약간

샐러드 만들기

1. 연어는 횟감으로 준비해 얇게 슬라이스하여 키친타월로 기름기를 제거해 꽃 모양으로 말아놓는다.
2. 어린잎 채소는 싱싱하게 준비해 물기를 빼 놓는다.
3. 방울토마토는 4등분하고 레몬은 반달 모양으로 얇게 썬다.
4. 접시에 연어, 어린잎 채소, 방울토마토, 레몬, 케이퍼, 보코치니 치즈를 리스 모양으로 둥글게 돌려 담는다.
5. 구운 파프리카 드레싱을 잘 섞어 드레싱 볼에 담은 후 연어 리스 샐러드에 곁들인다.

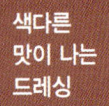

타르타르 드레싱
Tartar dressing

Information

맛	0	20	40	60	80	100%
단 맛						
신 맛						
짠 맛						
매운맛						
고소한맛						

재료

삶은 달걀 1개	오이피클 30g	머스터드 1큰술	소금 1/4작은술
양파 80g	파슬리 가루 1/2작은술	레몬 1/4개	후춧가루 약간
피망 30g	마요네즈 1컵	식초 1큰술	물 1큰술

드레싱 만들기

1. 달걀은 냄비에 넣어 잠길 정도의 물을 부은 후 소금을 넣어 삶고, 물이 끓으면 12분간 더 삶아 식힌 다음 노른자와 흰자를 각각 체에 내려 놓는다.
2. 양파는 곱게 다져 물에 담가 매운맛을 뺀 후 물기를 꼭 짜서 준비한다.
3. 피망과 오이피클은 각각 곱게 다진 후 물기를 짜 놓는다.
4. 레몬은 즙을 짜서 준비한다.
5. 1~3의 재료를 한데 담은 후 마요네즈, 머스터드, 레몬즙, 식초, 소금, 후춧가루를 넣고 잘 저은 후 물을 넣고 농도를 조절하여 완성한다.

> **코멘트** 타르타르는 원래 날육류 또는 생선을 잘게 다져 양념에 버무리는 조리법의 하나로 잘게 썬 채소들과 양념이 타르타르소스와 유사하다. 타르타르소스는 주로 생선 튀김 요리에 곁들이는 소스이며 샌드위치 스프레드로 사용하거나 농도를 묽게 하여 샐러드의 드레싱으로 활용해도 좋다.

색다른 맛이 나는 드레싱

크림 양파 드레싱
Cream onion dressing

Information

| 맛 | 0 | 20 | 40 | 60 | 80 | 100% |

- 단 맛
- 신 맛
- 짠 맛
- 매운맛
- 고소한맛

재료

- 생크림 1/4컵
- 양파 40g(1/4개)
- 마늘 2쪽
- 마요네즈 1/4컵
- 플레인 요구르트 1통
- 레몬주스 1큰술
- 설탕 1큰술
- 소금 1/2작은술
- 후춧가루 약간

드레싱 만들기

1. 양파와 마늘은 잘게 썰어 믹서에 넣는다.
2. 믹서에 마요네즈, 플레인 요구르트, 생크림, 레몬주스, 설탕, 소금, 후춧가루를 같이 넣는다.
3. 양파와 마늘이 완전히 갈릴 때까지 충분히 갈아 드레싱을 완성한다.

코멘트 플레인 요구르트를 가정에서 손쉽게 만드는 방법은 우유 500mL와 플레인 요구르트 100mL를 잘 섞은 후 전기밥솥에 5시간 정도 두었다가 밥솥 코드를 빼고 4시간 정도 더 두면 몽글몽글한 플레인 요구르트가 만들어진다. 여기에 과일, 잼 등을 섞어 먹어도 좋다.

Salad recipe

청경채 병아리콩 샐러드
크림 양파 드레싱 306쪽

재료

청경채 200g, 병아리콩 50g, 연근 100g, 무순 20g, 새싹채소 10g, 식용유(튀김용) 200mL

샐러드 만들기

1. 병아리콩은 물에 담가 8시간 정도 불린 후 냄비에 넣어 콩이 충분히 잠길 만큼의 물을 붓고 15분간 삶는다.
2. 연근은 껍질째 얇게 썰어 물에 담가 전분기를 뺀 후 물기를 닦아 낸다.
3. 냄비에 식용유를 붓고 160℃로 가열한 후 2의 연근을 넣어 연한 갈색이 나도록 바삭하게 튀긴다.
4. 청경채는 밑동을 자른 뒤 한 잎씩 떼어 찬물에 담갔다 물기를 빼 놓는다.
5. 접시에 청경채와 연근, 병아리콩을 켜켜로 담는다.
6. 샐러드의 맨 위에는 무순과 새싹채소를 보기 좋게 얹는다.
7. 크림 양파 드레싱을 샐러드 위에 골고루 뿌려 낸다.

색다른
맛이 나는
드레싱

씨겨자 카레 드레싱

Whole grain mustard curry dressing

Information

맛	0	20	40	60	80	100%
단맛						
신맛	■■■■					
짠맛	■■■■					
매운맛	■■					
고소한맛	■■■■■					

재료

씨겨자 1큰술

인스턴트 카레 가루 1큰술

마요네즈 1/2컵

식초 1큰술

마늘 5g(1쪽)

후춧가루 약간

드레싱 만들기

1. 마늘은 곱게 다져 준비한다.
2. 볼에 씨겨자, 인스턴트 카레 가루, 마요네즈, 다진 마늘, 후춧가루를 같이 넣는다.
3. 모든 재료가 골고루 섞일 때까지 충분히 저어 드레싱을 완성한다.

 카레는 마살라(masala, 인도의 혼합 향신료)를 넣어 만든 요리를 총칭한다. 우리나라에서 생산되는 인스턴트 카레는 우리의 입맛에 맞게 향신료의 배합이 조절되어 대부분 맛이 비슷하지만 실제로는 재료의 배합에 따라 맛이 매우 다양하다.

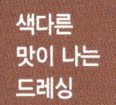
색다른 맛이 나는 드레싱

코코넛 카레 드레싱
Coconut curry dressing

Information

맛	0	20	40	60	80	100%
단맛						
신맛						
짠맛						
매운맛						
고소한맛						

재료

코코넛 밀크 1컵
카레 가루 1큰술
굴소스 1큰술
강황 가루 1/4작은술
마늘 5g(1쪽)
양파 40g(1/4개)
피망 20g(1/4개)
소금 1/4작은술
후춧가루 약간

드레싱 만들기

1. 마늘과 양파, 피망은 각각 곱게 다져 준비한다.
2. 볼에 1의 재료와 코코넛 밀크, 카레 가루, 굴소스와 강황 가루, 소금, 후춧가루를 넣는다.
3. 모든 재료가 골고루 섞일 때까지 거품기를 사용하여 잘 저어 드레싱을 완성한다.

> **코멘트** 카레의 원료로 쓰이는 강황은 인도가 원산지이다. 강황에 함유된 쿠르쿠민(curcumin)이라는 노란 색소 성분은 항산화 작용을 도와 염증을 완화해줄 뿐 아니라 염료와 함께 다양한 식품의 착색제로도 널리 사용되고 있다. 우리나라는 전라남도, 충청남도 등지에서 재배되고 있다.

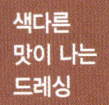
색다른 맛이 나는 드레싱

스파이시 시트러스 드레싱
Spicy citrus dressing

Information

맛	0	20	40	60	80	100%

- 단 맛
- 신 맛
- 짠 맛
- 매운맛
- 고소한맛

재료

청고추 1/2개

홍고추 1/2개

엑스트라 버진 올리브유 4큰술

파프리카 가루 1/2작은술

꿀 2큰술

레몬주스 4큰술

소금 1/2작은술

후춧가루 1/4작은술

드레싱 만들기

1. 청고추와 홍고추는 안쪽 씨를 제거하고 잘게 썰어 놓는다.
2. 믹서에 청고추와 홍고추를 넣은 후 올리브유, 파프리카 가루, 꿀, 레몬주스, 소금, 후춧가루를 넣는다.
3. 재료가 곱게 갈리도록 충분히 갈아 드레싱을 완성한다.

> **코멘트** 올리브유는 올리브 열매에서 처음 짜낸 '엑스트라 버진(extra virgin)', 두 번째 짜낸 '버진(virgin)', 세 번째 짜낸 '엑스트라 라이트(extra right)'로 등급을 분류한다. 여러 번 짤수록 발연점이 높아지므로 샐러드드레싱과 같이 가열을 하지 않는 요리에는 엑스트라 버진 올리브유를 쓰고 볶음 또는 튀김 요리를 할 때는 엑스트라 라이트를 쓰는 것이 좋다.

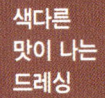
색다른
맛이 나는
드레싱

미소 겨자 드레싱

Japanese soybean paste and
mustard dressing

Information

맛	0	20	40	60	80	100%
단맛						
신맛						
짠맛						
매운맛						
고소한맛						

재료

겨잣가루 2큰술
온수(40℃) 1큰술
일본 된장 2큰술
다시마 국물 2큰술
샐러드유 1/2컵
다진 마늘 1작은술
식초 2큰술
설탕 2큰술

드레싱 만들기

1. 겨잣가루는 작은 그릇에 담아 40℃ 정도의 미지근한 물을 넣고 부드럽게 갠 후 그릇째 따뜻한 냄비뚜껑 위에 엎어놓는다.
2. 5분쯤 지나 겨자의 매운맛이 우러나면 젓가락을 사용해 한 방향으로 10번 정도 저어 매운맛을 더 높인다.
3. 분량의 일본 된장, 다시마 국물, 샐러드유, 다진 마늘, 식초, 설탕을 넣고 잘 섞어 미소 겨자 드레싱을 만든다.

 겨잣가루를 숙성시키기 번거로우면 시판용 연겨자를 대신 사용하고 분량은 겨잣가루의 1/2이 적당하다.

Salad recipe

튀긴 두부 샐러드

미소 겨자 드레싱
316쪽

재료

두부 1모, 올리브 5개, 치커리 30g, 새싹채소 20g, 소금 약간, 식용유 약간

샐러드 만들기

1. 두부는 단단한 것으로 준비해 1cm 두께로 썰어 소금을 살짝 뿌려 놓는다.
2. 소금으로 밑간한 두부는 표면의 물기를 닦아낸 후 달군 팬에 식용유를 두르고 앞뒤로 바삭하게 튀겨 낸다.
3. 올리브는 반으로 자른다.
4. 치커리는 한입 크기로 뜯어 새싹채소와 함께 찬물에 담가 놓는다.
5. 접시에 2의 튀긴 두부를 담고 그 위에 올리브, 치커리, 새싹채소를 보기 좋게 얹은 후 미소 겨자 드레싱을 골고루 뿌려서 낸다.

색다른
맛이 나는
드레싱

로제 드레싱
Rose dressing

Information

맛	0	20	40	60	80	100%
단 맛						
신 맛						
짠 맛						
매운맛						
고소한맛						

재료

마요네즈 1/2컵
토마토케첩 2큰술
생크림 1/4컵
물 1/4컵
식초 1큰술
레몬 1/4개
소금 1/4작은술
후춧가루 약간

드레싱 만들기

1. 레몬은 즙을 내어 놓는다.
2. 큰 볼에 분량의 마요네즈, 토마토케첩, 생크림을 같이 넣는다.
3. 볼에 분량의 물, 식초, 레몬즙을 넣고 소금과 후춧가루로 간을 한 후 거품기를 이용하여 모든 재료가 완전히 섞이도록 충분히 저어 완성한다.

 마요네즈는 달걀노른자에 식물성 기름을 섞어 유화시킨 것으로 보관 시 온도가 너무 낮으면 유화 상태가 유지되지 않아 액상으로 변해 버리므로 냉장 보관할 때는 너무 낮은 온도에 보관하지 않도록 유의한다.

색다른
맛이 나는
드레싱

비취 드레싱
Jade dressing

Information

맛	0	20	40	60	80	100%

- 단 맛
- 신 맛
- 짠 맛
- 매운맛
- 고소한맛

재료

통조림 완두콩 1/2컵	생크림 1/4컵
피망 20g(1/4개)	레몬 1/4개
양파 40g(1/4개)	식초 1큰술
엑스트라 버진 올리브유 1/2컵	소금 1/2작은술
	후춧가루 약간

드레싱 만들기

1. 레몬은 즙을 내고, 완두콩은 통조림 또는 삶은 것으로 준비한다.
2. 피망과 양파는 믹서에 갈기 좋은 크기로 썰어 위의 완두콩과 함께 믹서에 넣는다.
3. 믹서에 생크림, 올리브유, 레몬즙, 식초, 소금, 후춧가루를 넣어 완두콩과 양파가 완전히 갈리도록 충분히 갈아 드레싱을 완성한다.

> **코멘트** 완두콩은 다른 콩에 비해 지방과 단백질이 적고 탄수화물 함량이 높아 샐러드드레싱으로 그대로 쓰기에는 질감이 퍽퍽할 수 있으므로 생크림과 올리브유를 같이 사용하여 만들도록 한다.

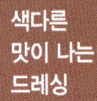
색다른
맛이 나는
드레싱

트로피컬 드레싱
Tropical dressing

Information

맛	0	20	40	60	80	100%
단맛						
신맛						
짠맛						
매운맛						
고소한맛						

재료

- 통조림 파인애플 1쪽
- 통조림 황도 1쪽
- 오렌지 1/2개
- 토마토주스 1/2컵
- 엑스트라 버진 올리브유 1/2컵
- 라임주스 1큰술
- 소금 1/2작은술

드레싱 만들기

1. 통조림 파인애플과 통조림 황도는 믹서에 갈기 좋은 크기로 썰어 준비한다.
2. 오렌지는 껍질을 벗기고 과육을 한 개씩 떼어 놓는다.
3. 믹서에 통조림 파인애플과 통조림 황도, 오렌지를 넣는다.
4. 마지막에 토마토주스, 올리브유, 라임주스, 소금을 넣고 곱게 갈아 드레싱을 완성한다.

 트로피컬(tropical)은 원래 '열대의'라는 뜻으로, 파파야(papaya), 망고, 두리안(durian) 등의 열대 과일 중에 쉽게 구할 수 있거나 맛이 서로 어울리는 다양한 것을 섞어 사용해도 좋다.

Information

맛	0	20	40	60	80	100%
단맛						
신맛						
짠맛						
매운맛						
고소한맛						

재료

마늘 20g
엑스트라 버진 올리브유 1/2컵
트러플 오일 1큰술
레몬 1/4개
소금 1/2작은술
굵은 후춧가루 약간

드레싱 만들기

1. 마늘은 곱게 다져 준비한다.
2. 레몬은 즙을 낸다.
3. 볼에 다진 마늘과 올리브유, 트러플 오일, 레몬즙, 소금, 굵은 후춧가루를 넣고 충분히 저어 드레싱을 완성한다.

> **코멘트** 송로버섯을 일컫는 트러플(truffle)은 유럽에서 땅속의 다이아몬드라 할 만큼 진귀한 버섯이며 인공 재배가 어려워 더 귀하게 취급 받는다. 가격이 매우 비싸고 구하기가 쉽지 않아 가공품으로 나온 트러플 오일을 대신 사용하면 비교적 저렴한 가격으로 고급스러운 풍미를 즐길 수 있다. 향이 매우 강하여 조금만 사용해도 효과가 좋다.

Salad recipe

펜네 샐러드
트러플 오일 마늘 드레싱
326쪽

재료

펜네 100g, 브로콜리 1/4개, 방울토마토 10개, 마늘 30g, 피망 1/4개, 붉은 파프리카 1/4개, 올리브유 약간, 소금, 후춧가루 약간씩

샐러드 만들기

1. 끓는 물에 소금을 간이 될 정도로 넣고 펜네를 넣어 12분간 삶는다.
2. 삶은 펜네는 물에 헹구지 말고 물기를 받쳐 준비한다.
3. 브로콜리는 끓는 물에 1분간 데친 후 찬물에 식혀 한입 크기로 썬다.
4. 방울토마토는 꼭지를 제거하고 반으로 썬다.
5. 마늘은 얇게 슬라이스하고 피망과 붉은 파프리카는 얇게 채 썬다.
6. 팬이 달아 뜨거워지면 올리브유를 두르고 마늘을 넣어 볶다가 브로콜리, 피망, 파프리카, 방울토마토를 넣고 소금, 후춧가루로 간을 하여 볶는다.
7. 믹싱볼에 볶아 놓은 재료와 2의 펜네를 모두 담는다.
8. 트러플 오일 마늘 드레싱을 잘 섞어 7의 믹싱볼에 넣고 버무려 낸다.

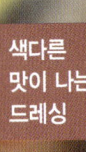
색다른 맛이 나는 드레싱

칼루아 드레싱

Kahlua dressing

Information

| 맛 | 0 | 20 | 40 | 60 | 80 | 100% |

- 단맛: ~30
- 신맛: ~15
- 짠맛: ~10
- 매운맛: ~10
- 고소한맛: ~15

재료

- 칼루아 1큰술
- 양파 40g(1/4개)
- 마늘 5g(1쪽)
- 간장 2큰술
- 엑스트라 버진 올리브유 1/2컵
- 레몬주스 1큰술
- 소금 1/2작은술

드레싱 만들기

1. 양파와 마늘은 곱게 다져 준비한다.
2. 볼에 위의 양파와 마늘을 담아 놓는다.
3. 볼에 간장, 올리브유, 레몬주스, 소금을 넣고 거품기를 사용해 충분히 저어 드레싱을 완성한다.

> **코멘트** 칼루아는 커피로 만든 리큐어(liqueur)이며 알코올 도수가 20도 정도이고 커피향과 단맛이 강해 주로 여성들이 좋아하는 칵테일 제조용 술로 사용된다. 향이 진하여 조금만 첨가해도 샐러드에 독특한 풍미를 준다.

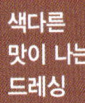
색다른 맛이 나는 드레싱

애플 시나몬 드레싱
Apple cinnamon dressing

Information

맛	0	20	40	60	80	100%

- 단맛: ~40
- 신맛: ~20
- 짠맛: ~15
- 매운맛: 0
- 고소한맛: ~10

재료

- 사과 200g(1개)
- 버터 1큰술
- 설탕 4큰술
- 계핏가루 1/2작은술
- 레몬 1/2개
- 엑스트라 버진 올리브유 1/2컵
- 소금 1/2작은술

드레싱 만들기

1. 레몬은 즙을 내어 준비하고, 사과는 껍질을 깎은 후 4등분해 씨를 제거하고 0.5cm 두께로 잘게 썬다.
2. 냄비를 달궈 버터를 두르고 위의 사과를 볶는다.
3. 냄비에 설탕을 넣고 뚜껑을 덮어 약한 불에 서서히 졸인다.
4. 사과가 살짝 투명해지면 불을 끄고 식힌 후 믹서에 넣는다.
5. 여기에 레몬즙, 올리브유, 소금을 넣고 곱게 간다.
6. 잘 갈아진 드레싱에 계핏가루를 섞어 애플 시나몬 드레싱을 완성한다.

 사과와 계피는 맛과 향이 서로 잘 어울려 함께 사용되는 경우가 많으며 샐러드드레싱뿐만 아니라 식사 후 달콤한 후식으로 제공해도 좋다.

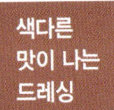

색다른 맛이 나는 드레싱

사과 미나리 드레싱

Apple and water parsley dressing

Information

맛	0	20	40	60	80	100%
단맛						
신맛						
짠맛						
매운맛						
고소한맛						

재료

사과 100g(1/2개)

미나리 50g

엑스트라 버진 올리브유 1/2컵

레몬주스 1큰술

라임주스 1큰술

소금 1/2작은술

드레싱 만들기

1. 사과는 껍질과 씨를 제거하고 잘게 썰어 놓는다.
2. 미나리는 잔뿌리를 제거하고 잎을 다듬어 흐르는 물에 깨끗이 씻어 잘게 썬다.
3. 믹서에 사과와 미나리를 넣은 후 올리브유, 레몬주스, 라임주스, 소금을 넣고 곱게 갈아 완성한다.

 해독 작용이 뛰어난 미나리는 다른 재료들과 조화를 이루어야 하는 드레싱 재료로 사용하기에는 향이 매우 강하므로 상큼한 맛이 나는 사과와 함께 사용하는 것이 좋다.

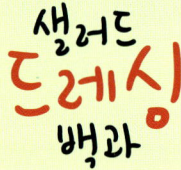

2018년 1월 15일 1판 1쇄
2025년 7월 15일 2판 1쇄

저자 : 박지형
펴낸이 : 남상호

펴낸곳 : 도서출판 예신
　　　　www.yesin.co.kr

(우) 04317 서울시 용산구 효창원로 64길 6
대표전화 : 704-4233, 팩스 : 335-1986
이메일 : webmaster@iljinsa.com
등록번호 : 제3-01365호(2002.4.18)

값 24,000원

ISBN : 978-89-5649-188-2

* 이 책에 실린 글이나 사진은 문서에 의한 출판사의
  동의 없이 무단 전재·복제를 금합니다.